Herbert Reinecker

Ich schenk dir Sonnenschein

Herbert Reinecker

Ich schenk dir Sonnenschein

Geschichten rund ums Glück

Mit Illustrationen von
Almud Kunert

Knaur

Von Herbert Reinecker ist bereits erschienen:

Ich bring die Freude mit

Besuchen Sie uns im Internet:
www.droemer-knaur.de

Ein Unternehmen der Droemerschen Verlagsanstalt
Th. Knaur Nachf. GmbH & Co. KG, München
Dieses Buch erschien bereits unter dem Titel »Ein bißchen Halleluja«
beim Franz Schneekluth Verlag, München
Illustrationen: Almud Kunert
Umschlaggestaltung: ZERO Werbeagentur, München
Satz: Ventura Publisher im Verlag
Druck und Bindung: Ebner & Spiegel, Ulm
Printed in Germany
ISBN 3-426-66137-3

2 4 5 3 1

Ich schenk dir Sonnenschein

Ein Ziehen in der Zwerchfellgegend

Ein vornehmes Haus in guter Lage.

Hoffentlich ist es nicht zu vornehm, sagte sich der junge Mann, der vor diesem Haus stand und es besorgt betrachtete.

Er sah den marmorverkleideten Eingang, die Glasflächen der breiten Türen und dachte: Das Haus darf nicht abstoßend wirken, im Gegenteil, es muß anziehend wirken, auf Leute jedenfalls, die einen gewissen Doktor Franz Übelein besuchen wollen.

Und etwas heiterer und stolzer blickte er auf das Arztschild, das er soeben selber angebracht hatte: Dr. med. Franz Übelein. Praktischer Arzt. Alle Kassen.

Der junge Mann, der gerade seine Praxis eröffnet hatte, zog einen Fotoapparat hervor, um das Haus und eben dieses neue, funkelnde Schild zu fotografieren.

Dann stieg er nach oben, schloß seine Praxis auf und durchschritt alle Räume, um sie in letzten Augenschein zu nehmen. Er ordnete ein paar Blumen, fuhr noch mal über die weiße Tür seines Medikamentenschrankes, obwohl kein Fleck, kein Stäubchen sichtbar waren.

In seinem Behandlungszimmer war das Liegebett weiß bezogen und wartete. So wie Dr. Übelein wartete. Nämlich auf den ersten Patienten.

Da klingelte es.

Aber nicht an der Tür, es war das Telefon.
Er meldete sich: »Hier Doktor med. Übelein.«

Die Spannung wich von seinem Gesicht – es war seine Mutter.

»Ich wollte mir nur erkundigen …«, sagte die Mutter. »Heute ist doch dein großer Tag. Hast du schon deinen ersten Patienten gehabt?«

»Nein, Mama. Es ist noch alles ruhig.«

»Du hast doch Anzeigen aufgegeben?«

»Ja, natürlich habe ich Anzeigen aufgegeben, mehrere, in allen drei hiesigen Zeitungen.«

»Sie waren hoffentlich nicht zu klein?!«

»Nein, sie waren nicht zu klein, aber auch nicht zu groß.«

»Wie lange hast du denn schon aufgemacht?«

»Gerade, Mama, gerade. Der erste Patient, Mama, der wird schon kommen.«

»Der erste Patient«, betonte die Mutter im fernen Wuppertal, »ist dein wichtigster, du mußt ihn gut behandeln, freundlich zu ihm sein …«

»Ich werde doch nicht unfreundlich sein«, ärgerte sich der junge Arzt ein wenig.

»Du hast Eigenheiten, die dir nicht bewußt sind. Es fällt dir beispielsweise schwer, zuzuhören.«

»Mach mich nicht unsicher, Mama«, rief Dr. Franz Übelein und beendete das Gespräch.

Wieder stand er eine Weile unsicher herum.

Das Klingeln kam fast unerwartet, erschreckte ihn ebensosehr, wie es ihn mit Freude und Spannung erfüllte.

Er ging an die Tür, öffnete sie.

Auf der Schwelle stand eine junge Dame.

»Doktor Übelein?«

»Ja, Doktor Übelein«, sagte er, »bitte, kommen Sie herein. Entschuldigen Sie, daß ich selbst aufmache, aber ich habe noch keine Assistentin. Meine Praxis ist ganz neu. Bitte hier herein ...«

Er führte die junge Dame in seinen Behandlungsraum.

»Nehmen Sie Platz.«

Die junge Dame zögerte ein wenig. »Ich wollte ...«

Aber der junge Mann unterbrach sie: »Darf ich fragen, wie Sie auf meine Praxis gekommen sind?«

»Ich habe Ihre Anzeige gelesen, daß Sie heute eröffnen, da wollte ich ...«

»Kleinen Moment«, unterbrach er sie erneut, »ich hole nur etwas.«

Er verschwand und kam nach kurzer Zeit mit zwei Gläsern zurück und einer Flasche Sekt.

»Entschuldigen Sie«, erklärte Dr. Übelein ein wenig unsicher lächelnd, »für mich ist das ein feierlicher Moment. Sie sind mein erster Patient, ich möchte mit Ihnen anstoßen, bevor ich mit der Untersuchung beginne. Sie haben Verständnis dafür?«

Die junge Dame nickte langsam, begann zu lächeln und sagte: »Ich habe volles Verständnis dafür.«

»Das freut mich.«

Er wollte die Flasche öffnen, zögerte aber plötzlich, fragte: »Ich will keine Pflichtverletzung begehen und nicht meinen ersten Kunstfehler. Sie dürfen doch Alkohol trinken?«

»Ja, ich darf«, meinte die junge Dame.

»Na, dann ...«, sagte Dr. Übelein, schenkte die beiden

Gläser ein, reichte ihr das Glas in heiterer Stimmung. »Ich war neugierig, wie mein erster Patient aussehen würde.«

»Sind Sie zufrieden?« fragte die junge Dame.

»Sehr zufrieden. Ich nehme es als ein gutes Omen, daß mir mein erster Patient sympathisch ist. Das darf ich doch sagen …«

»Ohne einen Kunstfehler zu begehen«, setzte die junge Dame den Satz fort.

Sie tranken einander zu.

Dann setzte Dr. Übelein sein Glas ab und fragte: »Und nun – wo fehlt's?«

Die junge Dame erklärte nach kurzem Zögern: »Ich … ich habe so ein Gefühl in der Zwerchfellgegend …«

Dr. Übelein zog die Brauen zusammen. Er stand vor seiner ersten Aufgabe.

»Ein Gefühl in der Zwerchfellgegend?«

»Das sich bis zum Herzen hinzieht …«

»Ein Schmerz?«

»Kein direkter Schmerz, eher ein Gefühl …«

»Das sich schmerzhaft bemerkbar macht?«

»Ja, aber es ist merkwürdigerweise nicht unangenehm.«

»Hm …« Dr. Übelein dachte scharf nach, aber die Symptome kannte er nicht, was ihn mit Schrecken erfüllte.

»Machen Sie sich mal frei«, sagte er schließlich und dachte verzweifelt: Ich werde schon was finden.

Die junge Dame zog ihre Bluse aus, entblößte sich mit großer Selbstverständlichkeit und legte sich auf das weißbezogene Liegebett.

Dr. Übelein war gründlich, er horchte die Lunge ab, widmete sich klopfend der Herzgegend, lauschte hier und tastete dort, wandte alle Methoden der Untersuchung an, die ihm bekannt waren.

»Sie können sich wieder anziehen«, sagte er fast bekümmert, »ich finde nichts, nach meiner Ansicht sind Sie vollkommen gesund.«

Die junge Dame zog sich wieder an, lächelte und sagte: »Ich muß Ihnen ein Geständnis machen. Ich bin nicht als Patient bekommen.«

»Wie bitte?« staunte Dr. Übelein.

»Ich bin Doktor Hanna Schubert, eine Kollegin. Ich habe meine Praxis eine Straßenecke weiter, las Ihre Eröffnungsanzeige und kam vorbei, um Sie als Kollegen zu begrüßen.«

»Warum haben Sie mir nicht gesagt, daß Sie keine Patientin sind?«

»Sie ließen mir ja keine Zeit.«

»Aber Sie haben doch über Beschwerden geklagt.«

»Wissen Sie ...«, sagte Dr. Hanna Schubert lächelnd, »als Sie da mit Ihren Gläsern kamen, mit Ihrem Sekt, um mit Ihrem ersten Patienten anzustoßen, da hatte ich ein Gefühl ...«

»In der Zwerchfellgegend ...«

»Das sich bis zum Herzen hinzog ...«

»Kein eigentlicher Schmerz ...«

»Sondern mehr ein Gefühl, das sich schmerzhaft äußert, aber nicht unangenehm war. Ich wollte Ihnen die Freude nicht verderben.«

Sie sah den jungen Mann jetzt aufmerksam an, ihre Stimme wurde ein wenig schärfer.

»So. Und jetzt machen *Sie* sich mal frei.«

»Wie bitte?« Dr. Übelein war verdutzt.

»Mir ist da nämlich etwas aufgefallen: Sie haben zu kalte

Finger, einen zu heißen Kopf, Ihr Puls geht zu schnell, und Sie atmen zu unregelmäßig.«

Frau Dr. Schubert griff nach dem Stethoskop und sagte mit einer Stimme, die keinen Widerspruch duldete: »Bitte. Jetzt sind Sie *mein* Patient. Ich habe zwar Ihren Sekt getrunken, aber er hat mein ärztliches Gewissen nicht außer Kraft gesetzt. Ziehen Sie das Hemd aus.«

Dr. Übelein zog sein Hemd aus, legte sich auf seine Untersuchungscouch, murmelte: »Meine Finger sind zu kalt?«

»Ja, und Ihr Kopf ist zu heiß.«

»Mein Puls geht zu schnell?«

»Und Sie atmen zu schwer.«

Dr. Übelein lächelte erstaunt. »Gestörter Kreislauf, wie?«

»So ist es«, sagte Dr. Hanna Schubert, untersuchte ihren Patienten, wie sie es gewohnt war – gründlich, konzentriert, routiniert.

Dr. Übelein sah das Gesicht der Kollegin vor sich, ein schönes, lebhaftes Gesicht, ein Gesicht, auf dem sich Empfindungen widerspiegelten, Empfindungen, die selbstverständlich kontrolliert waren.

Und plötzlich sagte Dr. Übelein langsam: »Da ist noch etwas. Ich spüre ein Ziehen, in der Zwerchfellgegend …«

»Einen Schmerz?« fragte Frau Dr. Schubert.

»Mehr ein Gefühl«, murmelte Dr. Übelein, »das sich bis zum Herzen hinzieht …«

»Und nicht unangenehm ist?« lächelte Frau Dr. Schubert.

»Ganz und gar nicht unangenehm«, sagte Dr. Übelein mit schwacher Stimme.

Dr. Übelein zog sich an, hatte gerade sein Hemd zugeknöpft, als das Telefon klingelte.

Die Mutter im fernen Wuppertal.

»Ich halte es nicht aus, Junge. Hattest du deinen ersten Patienten?«

»Ich hatte ihn, Mama«, sagte Dr. Übelein, seine Stimme wurde plötzlich kräftiger, freier. »Du wirst es nicht glauben, Mama: Mein erster Patient war ich selbst.«

Hanna hatte inzwischen das Rezept ausgeschrieben, reichte es ihm. In diesem Augenblick klingelte es an der Tür.

»Betrieb, Mama!« rief Dr. Übelein und legte auf.

Er eilte an die Tür und ließ einen älteren Mann herein. »Warten Sie einen Moment hier«, sagte er, ging zurück in das Behandlungszimmer.

»Ich glaube, jetzt habe ich meinen ersten Patienten!« entfuhr es ihm aufgeregt. »Und er sieht elend aus. Ich werde zu tun bekommen.«

»Ich gratuliere«, meinte Hanna Schubert, zögerte ein wenig, »ich habe übrigens auch Sekt, in der Praxis und zu Hause. Es interessiert mich ...«, sagte sie und sah den jungen Mann nachdenklich an, »was aus dem Ziehen in der Zwerchfellgegend geworden ist. Wenn es noch vorhanden ist, dann ...«, sie atmete auf, »müssen wir etwas dagegen unternehmen.«

Und beide lächelten.

Lindenschmittstrasse 10

Ein Mann stand am Straßenrand, hielt ein Taxi an. Der Mann war älter, sah gequält und zerfurcht aus. Er schaute den Taxifahrer an, bevor er einstieg.

»Na, kommen Sie rein«, sagte Georg, »ich darf hier nicht so lange stehen.«

»Entschuldigen Sie«, erwiderte der ältere Mann unsicher, stieg ein, setzte sich neben Georg, schaute ihn dabei immer noch an.

»Sie sind von Beruf Taxifahrer?« fragte er.

Georg sah seinen Fahrgast verdutzt an.

Der setzte hastig hinzu: »Manchmal fahren ja auch Studenten Taxis, aushilfsweise, nur ein paar Stunden am Tag.« Er murmelte: »Daran würde mir nichts liegen.«

»Na, sagen Sie ...« Georg erholte sich von seinem Staunen. »Kann es Ihnen nicht egal sein, wer Sie fährt?«

»Durchaus nicht«, sagte der Mann, stellte sich plötzlich vor: »Ich heiße Malinde.«

Er sah den Taxifahrer ein wenig erwartungsvoll an, fragte dann: »Sie kennen mich nicht, nein?«

»Tut mir leid«, erwiderte Georg, »müßte ich?«

Der ältere Mann lächelte ein wenig abweisend. »Nein, nein«, sagte er, »ich kann nicht erwarten, daß man mich und meinen Namen noch kennt.« Er fügte hinzu: »Ich bin Schauspieler, aber lange nicht mehr – tätig gewesen.«

»Aha«, meinte Georg, »wohin soll's denn gehen?«

»Erst mal geradeaus. Ich sag's Ihnen dann schon. Er fragte: »Sie haben doch Zeit?«

Wieder sah Georg seinen Fahrgast verwundert an, erwiderte trocken: »Sie bezahlen doch für meine Zeit.«

»Jaja«, murmelte Malinde, fragte: »Wie lange fahren Sie schon Taxi?«

»Ein paar Jahre kommen leicht zusammen«, antwortete Georg.

Der ältere Mann nickte, meinte: »Na, dann kennen Sie sich ja aus.«

»Wie meinen Sie?«

»In diesem Beruf, meine ich.«

»Ja, das kann man sagen ...« Der Taxifahrer lachte. »Mir ist nichts fremd.«

»Sehr schön«, sagte sein Fahrgast ernsthaft, »man sieht es Ihnen auch an, Sie haben das – das Berufstypische. Sie sind Taxifahrer und daß Sie es sind, das sieht man ...« Er seufzte. »Irgendwie ist das unübersehbar.«

»Aha«, sagte Georg.

»Man zweifelt nicht daran, daß Sie es sind.«

»Daß ich was bin?«

»Taxifahrer«, sagte Malinde. »Entschuldigen Sie, ich sehe, Sie verstehen mich nicht, aber Sie werden mich gleich verstehen. Ich bin Schauspieler, der einen Taxifahrer spielen soll ...«

»Aha«, sagte Georg.

»Auf der Bühne spielen soll«, sagte der Schauspieler, »heute abend ist Premiere.«

»Ach nein ...«, sagte Georg.

»Verstehen Sie mich nicht falsch«, fuhr Malinde hastig

fort, »es ist nur eine kleine Rolle, ich trete einmal auf, für zwei Minuten.«

Er lächelte unsicher, sah den Taxifahrer ununterbrochen an. »Keine Hauptrolle also, aber immerhin, ich bringe in diesen zwei Minuten die Verwicklung, ohne die man in einem Theaterstück nicht auskommt. Also – es ist schon wichtig. Je kürzer der Auftritt ist, desto echter muß er sein …«

»Das finde ich ja wahnsinnig interessant«, sagte Georg.

»Ich platze da nämlich rein, ganz unvermutet …«

»Wo rein?«

»In eine Familiensituation, eine Frau, ein Ehemann, seine Mutter, alles ganz strenge Leute …« Er korrigierte sich: »Das heißt, der Ehemann und seine Mutter sind strenge Leute, während sie, die junge Frau, mehr sympathisch ist …«

»Da platzen Sie also rein …«

»Ja, die Ehefrau hat gerade ihren Mann belogen. Sie sei in der Klavierstunde gewesen …«

»In der Klavierstunde?«

»War sie aber nicht. Sie war bei einem Freund in der Wohnung. Ich hatte sie ja selber hingefahren.«

»Sie?«

»Als Taxifahrer. Ich sagte Ihnen doch, ich spiele einen Taxifahrer. Bei mir im Taxi hatte sie ihre Handtasche liegenlassen. Die entdecke ich also, mache sie auf und finde ihre Adresse …«

»Aha.«

»Und bringe ihr die Tasche zurück, und der Ehemann, ungeheuer mißtrauisch, quetscht mich aus …«

»Und kriegt die Geschichte raus mit dem Freund.«

»Ich sage Ihnen ja, ich bringe die Verwicklung. Ohne

diese Verwicklung würde die Geschichte einfach nicht weitergehen.« Er beteuerte: »Deswegen ist es eine wichtige Rolle, obwohl sie nur zwei Minuten dauert.«

Georg nickte.

»Aber sagen Sie, wie konnten Sie die Tasche auch zu ihr nach Hause bringen? Da überlegt man doch erst mal …«

»Was überlege ich?«

»Als Taxifahrer ist man doch diskret.«

»Woher sollte ich denn wissen, daß sie bei einem Freund war?«

»Trotzdem, trotzdem, ich hätte doch erst mal angerufen …«

»Soso«, ärgerte sich der Schauspieler, »und wo bleibt die Verwicklung? Das müssen Sie doch mal so sehen, vom Autor aus. Der brauchte an dieser Stelle …«

»Einen dämlichen Taxifahrer«, unterbrach ihn Georg.

»Ich sage ja«, murmelte der Schauspieler, »die Rolle ist nicht einfach. Kommt noch hinzu, daß ich lange nicht mehr gespielt habe. Ich zittere, wenn ich nur an heute abend denke.«

»Ich verstehe, Lampenfieber.«

»Ganz ungeheuer«, sagte Malinde, fragte: »Darf ich Sie einladen zu mir in die Wohnung? Daß wir den Text mal durchgehen, daß ich das – Berufstypische bringe.«

»Interessant, interessant«, sagte Georg, »ehrlich, ungeheuer aufregend für mich.«

Georg ging mit zu Malinde in die Wohnung.

Malinde holte sein Textbuch.

»Also«, sagte er, »ich komme da also ins Zimmer.«

Er ging an die Tür, um die Szene zu spielen.

»Halt mal, Moment mal«, sagte Georg, »wer hat Sie denn reingelassen?«

»Wie – reingelassen?« fragte der Schauspieler verdutzt. »Niemand, die Tür stand offen.«

»Die Wohnungstür?« fragte Georg.

»Natürlich die Wohnungstür.«

»Haben Sie denn nicht geklingelt?«

Malinde sah in sein Buch, murmelte: »Machen Sie mich nicht verrückt. Von Klingeln steht hier nichts. Außerdem findet hier im Zimmer eine Riesenauseinandersetzung statt.«

»Ah«, nickte Georg, »dann haben die es nicht gehört?«

»Was nicht gehört?«

»Das Klingeln.«

Malinde erregte sich: »Irritieren Sie mich doch nicht mit Ihrem Klingeln!«

»Gut, gut«, beschwichtigte ihn Georg, »Sie kommen also rein.«

Malinde ging an die Tür, nahm gleichsam Aufstellung, tat, als komme er gerade herein.

»Also, ich bin jetzt der Taxifahrer und gerade hereingekommen.« Er unterbrach sich: »Bin ich ein Taxifahrer? Ich meine, habe ich die Art?«

»Jaja«, nickte Georg, »ja, ganz gut.«

Malinde beharrte: »Man glaubt mir, daß ich ein Taxi vor der Tür habe? Das muß ich ja mitspielen.«

Georg nickte. »Ich seh's förmlich …«

»Sie sehen es förmlich?«

»Ja.«

»Das Taxi?«

»Ja, das Taxi …«

»Danke«, lächelte Malinde, atmete tief aus, »wenn Sie das sagen, bedeutet mir das was. Ich komme rein, ich habe die Handtasche in der Hand.«

»Nicht gut«, sagte Georg.

»Wieso nicht gut?«

»Weil Sie jetzt nicht mehr zurückkönnen. Sie können auf die Situation ja nicht mehr – reagieren.«

Malinde holte Luft. »Aber ich habe Ihnen doch gesagt …«

»Ich weiß, ich weiß, die Verwicklung …«

Malinde hob die rechte Hand. »Ich hab sie also hier, die Tasche. Und jetzt geht mein Text los.«

Er begrüßte ein paar imaginäre Personen mit den Blicken. »Verzeihen Sie bitte …« Er unterbrach sich, zu Georg: »Ich erkenne jetzt die junge Frau, die, wie gesagt, äußerst sympathisch ist.« Er spielte weiter: »Ah, da sind Sie ja – na, Gott sei Dank. Sie haben Ihre Handtasche bei mir im Taxi vergessen.« Er streckte die Hand vor. »Hier ist sie.«

Malinde drehte sich zum Taxifahrer um. »Aber wer antwortet? Der Knilch, der Ehemann. Sagt: *Was* hat sie? Und ich sage – merke gleich, daß da ein Braten anbrennt –, die Handtasche der Dame hier ist in meinem Taxi liegengeblieben. Soso, sagt der Knilch, meine Frau hat ein Taxi benutzt?

Sie schaut mich an, kreidebleich, hilfeflehend, aber ich kann ja nicht zurück, ich sag ja, und der Knilch, Eis in der Stimme – bei den Proben habe ich jedesmal gefroren: Wohin hat sich meine Frau denn fahren lassen? Ich sag, treu und brav, wie ich bin, in die Lindenschmittstraße Nummer zehn.

Und er – dreht sich herum, sieht seine Frau an, von oben bis unten, und sagt: Und wer wohnt in der Lindenschmittstraße

Nummer zehn? Sie sagt nichts, steht da, vernichtet. Und zu mir sagt der Knilch: Besten Dank, Herr Taxifahrer, Sie haben mir einen großen Dienst erwiesen. Und ich gehe ab.«

Malinde ging wieder an die Tür, drehte sich herum.

»Wie war's?«

»Hm ...«, sagte Georg. »Ich finde, Sie haben die Sache sehr gut gemacht.«

»Sie haben mein Mienenspiel beachtet.« Eifrig fuhr Malinde fort: »Ich merke ja, daß ich einen Fehler mache. Ich stehe nämlich, innerlich, auf der Seite der jungen Frau. Hat man das gemerkt?«

»Ich hab's gemerkt.«

»Das ist nämlich das Diffizile an der Rolle. Text und Gesichtsausdruck müssen einander widersprechen. Um diese Nuance kämpfe ich.«

»Ja, ich begreife«, sagte Georg, »ich muß Ihnen sagen, diese Szene ist mir an die Nieren gegangen.«

Malinde sah ihn plötzlich mißtrauisch an. »Sie wollen mir was Gutes tun.«

»Nein, ich bin ganz ehrlich.«

»Aber ich bin nicht zufrieden«, beharrte Malinde.

»Warum denn nicht?«

Malinde holte zwei Gläser und schenkte Schnaps ein, murmelte: »Der Zweifel, wissen Sie, der Zweifel und die Angst. Die Angst und das Lampenfieber machen mir zu schaffen. Ich möchte es wieder und wieder durchgehen.«

Sie gingen es wieder und wieder durch. Obwohl Malinde schließlich den Text beherrschte und auch mit seinem Gesichtsausdruck zufrieden war, wurde er immer nervöser, je näher der Abend kam.

»Bitte«, sagte er, »fahren Sie mich nun auch zum Theater.«
Georg tat ihm den Gefallen.

Am Theater sah Malinde den Taxifahrer flehend an. »Kommen Sie auch mit herein. Sie können bei mir in der Garderobe warten. Ich würde mich wohler fühlen, wenn Sie in der Nähe sind.«

Er brachte Georg in seine Garderobe. Georg betrachtete interessiert die ihm fremde Welt. Die Aufführung lief wohl schon, denn man hörte Leute sprechen, und ab und zu brandete Beifall und Gelächter auf.

Der Inspizient schaute in die Garderobe, sah Malinde und rief ärgerlich: »Da sind Sie ja endlich!«

»Schon gut, schon gut«, erwiderte Malinde.

Malinde wandte sich an den Taxifahrer. »Sie laufen nicht weg, nein? Ich muß noch geschminkt werden.«

Malinde wurde geschminkt. Seine Nervosität nahm zu.

»Der Zweifel, der Zweifel …«, murmelte er, »ich komme mir einfach nicht vor wie ein Taxifahrer.«

Er streckte die Hände vor. »Sehen Sie, ich zitterte. Das Lampenfieber ist voller Wucht da.«

Der Inspizient schaute herein. »Noch eine Minute.«

Malinde stand da, atmete tief durch, sagte hilflos zum Taxifahrer: »Ich kann nicht.« Er hob die Schultern: »Tut mir leid. Ich hab's geahnt, ich schaffe es nicht.«

»Aber Sie müssen doch jetzt raus!« rief Georg.

Malinde sah ihn beschwörend an: »Gehen *Sie* raus.«

Er reichte ihm das Requisit, die Handtasche. »Sie können ja den Text. Und vor allen Dingen: Sie sind Taxifahrer, Sie *sind* es nun mal. Helfen Sie mir?«

Georg rief entgeistert: »Was? Ich? Ich soll raus auf die Bühne?«

Auf der Bühne lief inzwischen die Szene ab, in der der Taxifahrer auftreten mußte.

Der Ehemann streckte seinen Text, sah hilflos in die Kulisse.

»Soso«, wiederholte er, »in der Klavierstunde warst du? Ich frage mich, ob ich das glauben soll ...«

Er flüsterte böse gegen die Kulisse: »Wo bleibt denn der Taxifahrer?« Und laut extemporierte er: »Klavierstunde ...? Ich habe da meine Zweifel ...«

Die Mutter half ihm, sagte: »Ich auch ...«

Und wieder sagte der Ehemann: »Soso ...«

Georg war inzwischen in der Kulisse erschienen. Er fragte: »Wo geht's denn hier lang? Ich bin der Taxifahrer.« Er sah auf die Bühne. »Die warten wohl schon auf mich.«

Ehe man ihn zurückhalten konnte, betrat er die Bühne, blinzelte ins helle Licht, sah verblüfft das Riesenfeld der Zuschauer vor sich.

Und der Ehemann zischte: »Wer ist denn das?«

Und Georg holte Atem: »Was fragen Sie denn, wer ich bin? Na, Sie sind gut. Ich bin der Taxifahrer. Ich komme vielleicht ein bißchen spät, aber jetzt bin ich ja da. Haben Sie mein Klingeln nicht gehört?«

Der Ehemann schluckte. »Klingeln?«

Und Georg fuhr fort: »Ich habe geklingelt, das möchte ich mal klarstellen. Man geht ja nicht ohne weiteres in eine Wohnung hinein, nur weil die Tür offensteht.«

»Aha«, sagte der verstörte Ehemann, versuchte, der Situation Herr zu werden, »der Taxifahrer. Was wollen Sie denn?«

Georg lachte. »Na, hören Sie mal, Ihren Text sollten Sie doch kennen. Außerdem sind Sie noch gar nicht dran. Ich muß erst sagen ...«, er sah die junge Frau an, »hallo, da sind Sie ja. Gut, daß ich Sie hier finde. Sie haben Ihre Handtasche bei mir im Taxi vergessen.«

Die junge Schauspielerin war genauso verstört, setzte aber mutig ein: »Ich habe meine – meine Handtasche ...?«

»In einem Taxi vergessen?« setzte der Ehemann fort, dachte: Ich weiß zwar nicht, was hier vorgeht, aber machen wir das Beste daraus, und rief: »Du hast ein Taxi benutzt?«

Georg ärgerte sich. »Wie betonen Sie das denn? Ist es vielleicht schlecht, ein Taxi zu benützen?«

»Nein, natürlich nicht«, sagte der Ehemann.

»Aber genau so hörte es sich an.«

»Wohin haben Sie denn meine Frau gefahren?« fragte der Ehemann mühsam.

Georg lachte.

»Ja, wohin? Das möchten Sie wohl gerne wissen?! Die Verwicklung, ich weiß, aber Sie werden sich wundern …« Und fest fuhr er fort: »Ich habe Ihre Frau in die Klavierstunde gefahren.«

»In die Klavierstunde?« sagte der Ehemann perplex.

Georg lachte erneut. »Da staunen Sie, was? Sie haben was ganz anderes erwartet. Ich weiß, was Sie erwartet haben. Aber so von gestern ist ein Taxifahrer auch nicht. Der redet nicht gleich los, wie Sie es brauchen.«

Er holte Luft, sah den verstörten Ehemann fest an. »Das Wort Lindenschmittstraße kommt mir nicht über die Lippen. Ich habe Ihre Frau in die Klavierstunde gefahren, dabei hat sie die Handtasche in meinem Taxi vergessen.«

Er reichte der jungen Schauspielerin die Handtasche. »Hier ist sie. Und lassen Sie sich nichts gefallen. Da hat mein Kollege, der leider nicht auftreten konnte, ganz recht. Sie sind äußerst sympathisch, und ich stehe ganz auf Ihrer Seite …«

»Vorhang!« rief der Ehemann entnervt. »Vorhang!«

Monate später fuhr Georg einen bekannten Schauspieler in seinem Taxi, sagte: »Ich erkenne Sie natürlich, was Sie sicher gewöhnt sind. Ich will Ihnen auch nicht lästig fallen. Aber etwas möchte ich Ihnen nicht verschweigen: Ich war auch mal Schauspieler. Nur für kurze Zeit, aber …«, er lachte, »… ich hab's dann wieder gelassen. Die reinste Hölle sage ich Ihnen, die reinste Hölle!«

Ein Sonntagmorgen

Die Glocken läuten den Sonntagmorgen ein.

Wolfgang und Anna lagen im Bett, genossen es, Zeit zu haben. Wolfgang küßte seine Frau, streichelte sie, war zärtlich zu ihr.

Aber Anna war ein wenig besorg, sie flüsterte: »Nicht doch, Wolfgang, die Kinder sind schon auf!«

»Ja, aber die kommen doch nicht rein. Die wissen, daß wir am Sonntagmorgen länger schlafen wollen«

»Sie wissen es schon«, sagte Anna, »aber sie kommen trotzdem rein.«

»Dann schließen wir die Tür ab.«

»Aber ich bitte dich«, meinte Anna, »wir haben noch nie die Tür abgeschlossen.«

Wolfgang hörte nicht auf, zärtlich zu seiner Frau zu sein. »Du siehst jetzt so besonders süß aus«, sagte er.

»Ich höre die Kinder!«

»Die sind in der Küche.«

»Nein, sie sind im Wohnzimmer.«

»In der Küche sind sie! Ich habe die Tür gehört, die Tür zur Speisekammer.

Anna horchte. »Eins der Kinder ist jedenfalls im Wohnzimmer. Und das ist nebenan.«

Wolfgang streichelte seine Frau, flüsterte: »Ein Sonntagmorgen ist eben etwas Besonderes, vom Gefühl her.«

Anna kicherte ein wenig. »Ich hoffe, vom Gefühl her ist es immer so.«

»Versteh mich richtig«, sagte Wolfgang, »ich muß nicht wie sonst raus, weil's der Wecker will, rein ins Badezimmer, waschen, rasieren, Kaffee runterschütten, weg und arbeiten. Am Sonntag blühe ich auf – und auch du siehst da hübscher aus.« Er lächelte. »Noch hübscher.«

Er zog ihren Kopf herum und berührte ihre Lippen.

Unruhig sagte sie: »Sie sind nicht in der Küche, sie sind im Wohnzimmer.«

»Höchstens der Kleine.«

»Was heißt: höchstens der Kleine? Auch der kann reinkommen.«

»Na und? Was wird ihm passieren? Wird er blind werden? Kriegt er einen Schock fürs Leben?« fragte Wolfgang.

»Das nicht, aber er stellt bestimmt Fragen. Für die Antworten ist er noch zu jung.«

Sie kicherte. »Na, und die richtigen fallen dir dann doch nicht ein.«

Wolfgang streckte sich behaglich aus. »Ich würde ihm sagen: Verschwinde, Junge, ich liebe deine Mutter.«

Sie lachte herzlich, schallend.

»Das sieht dir ähnlich. Da zerbrechen sich Psychologen den Kopf über Art, Zeitpunkt und Wirkung einer solchen Aufklärung, und du würdest sagen ...«

»Verschwinde, Junge, würde ich sagen.«

Sie horchte. »Jetzt hört man gar nichts.«

Er zog sie an sich. »Das ist doch gut.«

Aber sie entwand sich ihm. »Wenn sie am ruhigsten sind, sind sie am schlimmsten.«

»Jetzt geht wieder die Speisekammertür«, meinte Wolfgang.

»Und ich sage dir, es ist jemand an der Schlafzimmertür!«

Und tatsächlich ging die Tür auf. Der kleine Eberhard kam herein, hielt sich an der Klinke fest und fragte: »Schlaft ihr noch?«

»Wir schlafen noch«, sagte Wolfgang.

Der Kleine lachte, kam herein, warf sich zu seinen Eltern aufs Bett und trompetete los: »Sie sind wach! Sie sind wach!«

Zwei weitere Kinder kamen jetzt hereingestürmt, Hans und Hilde. »Guten Morgen, Mami, guten Morgen, Papi. Wir haben uns schon Milch gemacht. Und Brot gegessen. Steht ihr jetzt auf? Ach, steht doch auf!« Und so ging es weiter. »Ich finde meine Schuhe nicht. Welche Hose soll ich anziehen? Mein Pullover hat ein Loch. Wollt ihr auch

Frühstück haben?« plapperten sie fröhlich drauflos. Wolfgang hatte Mühe, sich Gehör zu verschaffen.

»Jetzt hört mal gut zu. Mami und Papi sind noch ungeheuer müde. Sie möchten gerne noch ein bißchen im Bett bleiben.« Wolfgang sah seine Kinder an. »Ein bißchen noch, nicht lange, vielleicht eine halbe Stunde.«

»Aber ihr seid doch wach!« protestierten die Kinder.

Anna stand auf, lächelte ihren Mann an. »Komm, steh jetzt auf!«

»Aber ich ziehe mich nicht an«, sagte Wolfgang, »wir frühstücken, und dann schicken wir sie nach draußen.«

Sie frühstückten mit den Kindern. Anna im kurzen Morgenmantel, in dem sie sehr gut aussah. Auch Wolfgang trug nur seinen Morgenmantel. Er lächelte seine Kinder an, die jetzt angezogen vor ihm standen.

»So«, sagte er, »und jetzt raus mit euch. Spielt draußen, aber nicht zu laut.«

»Können wir nicht lieber drinnen spielen?«

Anna grinste ihren Mann an.

»Wieso?« fragte der. »Ihr seid doch sonst auch immer draußen. Außerdem ist frische Luft gesund. Kinder brauchen viel frische Luft!« Er zögerte ein wenig, wagte nicht, seine Frau anzuschauen, die jetzt herzlich lachte.

»Bleibt ein bißchen draußen«, bat Wolfgang. »Wenigstens eine halbe Stunde.«

Die Kinder liefen hinaus, die Haustür fiel ins Schloß.

Wolfgang atmete auf. »Na, Gott sei Dank. Der schöne Sonntagmorgen ist noch nicht vorüber. Komm, mein Engel.«

Er umarmte seine Frau und küßte sie zärtlich. »Ich weiß auch nicht«, flüsterte er, »warum du heute besonders süß aussiehst.«

Sie gingen ins Schlafzimmer und legten sich wieder hin.

Plötzlich richtete Anna sich auf.

»Was ist los?« wunderte sich Wolfgang.

»Hörst du nichts?«

»Was soll ich hören?«

Von fern erklang erneut eine Polizeisirene.

»Na ja, die Polizeisirene!«

»Ja, die höre ich. Warum?«

»Ein Unfall?«

»Wahrscheinlich ein Unfall.«

Anna stand auf. »Die Kinder sind draußen. Hans ist mit dem Fahrrad draußen. Du weißt, wie er immer mit seinem Rad ist.«

»Wie ist er denn mit seinem Fahrrad?«

»Das fragst du! Wild ist er, er jagt wie ein Wilder herum.«

»Es ist doch gar nichts los heute morgen«, versuchte Wolfgang seine Frau zu beruhigen. »Warum stehst du denn auf?«

»Weil ich keine Ruhe habe. »Sie zog sich den Mantel über. »Ich werde mal nachsehen.«

Ärgerlich stand nun auch Wolfgang auf. »Ich werde mal nachsehen!« äffte er sie nach. »Bis drei werde ich ja wohl noch zählen können.«

Sie starrte ihn an. »Was kannst du?«

»Ich sagte, ich werde sehen, ob sie noch alle drei da sind.«

Anna entrüstete sich. »Was ist denn das für eine Ausdrucksweise!«

»Was ist daran auszusetzen?« Er wurde ärgerlich. »Ich finde sie angemessen.«

»Wolfgang«, flüsterte sie, »wir streiten uns ja!«

»Findest du?«

»Hör mal«, sagte Anna entschieden, »wir haben die Kinder in Panik auf die Straße geschickt.«

»In Panik?«

»Wir haben sie hinausgeworfen. Wir haben sie mit Fahrrad, Ball und Puppe vor die Tür gesetzt. Und jetzt höre ich den Unfallwagen, da werde ich doch wohl noch nach meinen Kindern sehen dürfen.« Die beiden zogen sich hastig und schweigend an, öffneten die Haustür und traten auf die Straße hinaus.

Hans zog seine Kreise mit dem Rad, der kleine Eberhard kickte seinen Fußball gegen den Gartenzaun, das Mädchen hielt ihre Puppe im Arm und ärgerte den Hund des Nachbarn.

Die Kinder kamen gleich angelaufen.

»Sie wollen wieder rein, Wolfgang«, murmelte Anna.

»Laß sie rein«, sagte er und seufzte. »Obwohl du im Moment besonders hübsch aussiehst. Einfach hinreißend siehst du aus.«

Der Empfangschef des kleinen Motels musterte die neuen Sonntagsgäste. »Kein Gepäck?« fragte er Wolfgang, der gerade für sich und Anna den Meldezettel ausfüllte.

»Nein, keins«, antwortete der.

»Sie wollen nur eine Nacht bleiben?«

»Jaja«, meinte Wolfgang, »möglicherweise auch nicht so lange …« Er stockte.

»Ein paar Stunden?« wollte der ältere Herr vom Empfang wissen.

»Spielt das eine Rolle?« fragte Wolfgang ein wenig nervös. »Ich bezahle eine Nacht und – selbstverständlich im voraus.«

»Schon gut«, sagte der ältere Mann.

»Wenn Sie unsere Ausweise sehen wollen …«

Wolfgang holte die Ausweise hervor.

»Nicht nötig!« Der ältere Herr winkte ab.

»Die können Sie gern sehen«, beharrte Wolfgang. »Wir sind verheiratet.«

»Aber natürlich«, sagte der ältere Mann sanft. »Zum Wochenende haben wir nur Ehepaare.«

Er nahm den Schlüssel ab, reichte ihn Wolfgang.

Sie gingen den Flur entlang, fanden das Zimmer, schlossen es auf.

Anna meinte: »Wir hätten doch wenigstens einen Koffer mitbringen können.«

»Einen leeren?« fragte Wolfgang. »Er hätte ihn uns getragen und gleich gemerkt, daß er leer ist.«

Sie nickte stumm. Schaute sich um.

»Wie findest du es hier?« fragte er.

»Ein grauenhaftes Zimmer«, sagte sie.

»Komisch«, Wolfgang grinste, »was mich betrifft, ich sehe das Zimmer gar nicht, ich sehe nur dich.«

Anna lachte, sah ihn an.

»Gott«, meinte sie. »Daß eine Frau so was immer wieder gern hört.«

»Und es macht mir nicht die geringste Mühe«, flüsterte Wolfgang. »Einfach, weil es sich um eine schlichte Wahrheit handelt.«

Wolfgang umarmte seine Frau, er küßte sie, streichelte sie.

Sie seufzte, erwiderte seine Küsse, umfaßte zärtlich seinen Kopf und strich über sein Haar.

Dann aber begann sie plötzlich zu lachen, lachte immer lauter, bis sie sich schließlich aus seinen Armen befreite.

»Entschuldige«, sagte sie.

»Was ist denn los? Warum lachst du?« fragte er fassungslos.

»Ich denke gerade an was ...«

»An was denkst du?«

»Was daraus werden wird, aus dieser Sache hier.«

Er sah sie verdutzt an. »Wie, was daraus werden wird? Was wird denn daraus werden?«

»Na«, lachte sie und holte Atem. »Wieder ein Kind, das uns nicht schlafen läßt.«

Er schaute sie an, lachte dann auch, immer herzlicher, bis er mit kräftiger Stimme sagte: »Na und?«

Ein Regentag für die Liebe

Das Taxi stand im peitschenden Regen vor dem Bahnhof.

Plötzlich wurden die Türen des Autos von beiden Seiten fast gleichzeitig aufgerissen. Auf der einen Seite stieg ein junger Mann ein, auf der anderen ein junges Mädchen, beide klatschnaß, beide mit Koffer.

»Entschuldigen Sie«, sagte der junge Mann, »dies ist mein Taxi. Ich bin zuerst eingestiegen.«

»Irrtum«, sagte das junge Mädchen, »ich habe den Taxifahrer gefragt: Sind Sie frei? Er sagte ja.«

»Dann hat er sich geirrt, ich war schon im Taxi.«

Der Taxifahrer hatte sich umgedreht. »Bitte, meine Herrschaften, keinen Streit.«

»Ich streite nicht«, sagte der junge Mann.

»Sie streiten«, sagte das junge Mädchen, »Sie haben einen äußerst aggressiven Ton.«

»Hören Sie«, sagte der junge Mann kalt, »ich bin bis auf die Knochen naß, ich will nach Hause.«

»Naß bis auf die Haut bin ich auch.«

»Vielleicht können Sie sich einigen«, warf der Taxifahrer ein, »ich kann Sie ja beide fahren.«

»Nichts dagegen«, sagte der junge Mann, der Egon hieß, »wenn Sie zuerst zu meiner Adresse fahren.«

»Womit ich nicht einverstanden bin«, erklärte Maria, das junge Mädchen, kühl. Ich bin nämlich schon zu spät dran.«

»Moment, Moment,« bat der Taxifahrer, »lassen Sie mich erst mal die Koffer verstauen.«

Er stieg aus, nahm das regennasse Gepäck und verstaute es im Kofferraum.

Als er wieder einstieg, stritten sich die beiden noch immer.

Maria sagte: »Ich stelle fest, daß Sie äußerst unhöflich sind«, und Egon gab barsch zurück: »Der Eindruck, den ich auf Sie mache, ist mir gleichgültig. Sie glauben, weil Sie eine Frau sind, können Sie sich alles erlauben.« Zum Taxifahrer: »Können wir jetzt fahren? Zur Von-der-Tann-Straße elf.«

Maria warf kühl ein: »Nachdem Sie zuvor am Marienplatz gehalten haben!«

»Wohin soll ich nun fahren?« fragte der Taxifahrer verdrossen.

»Sie haben doch gehört«, erwiderte Maria.

»Und ich bestehe darauf, daß Sie zuerst zu mir fahren«, sagte Egon mit schneidender Stimme. »Ich neige zu Erkältungen und muß sofort ein Bad nehmen.«

»Und ich bin fremd in dieser Stadt, besuche eine Freundin, die auf mich wartet.«

»Nun«, meinte der Taxifahrer, »wenn die Dame fremd ist ...«

»Entschuldigen Sie bitte«, sagte Egon hartnäckig, »hier soll wohl ein Kampf ausgefochten werden. Wenn die Sache so aussieht«, er atmete tief ein, gab seiner Stimme eine unbeugsame Festigkeit, »zuerst zur Von-der-Tann-Straße, mit dem Recht desjenigen, der dieses Taxi zuerst betreten hat.«

Maria sah mit bemerkenswert hübschen Augen den Taxifahrer an, sagte mit ganz weicher Stimme: »Entscheiden Sie.«

Der Taxifahrer murmelte: »Ich will niemandem weh tun.«

»Ja, merken Sie denn nicht«, polterte Egon, »welche Mittel hier eingesetzt werden?«

Er wandte sich an Maria: »Was haben Sie da plötzlich für einen Ton?«

»Was für einen Ton habe ich denn?«

»Sie setzen Gefühl ein!« rief Egon barsch.

»Nun, das, das habe ich«, sagte Maria und lächelte. »Ich appelliere an unseren Fahrer, das ist richtig.«

»Ja, aber Sie appellieren an ihn als Mann.«

»Ist er keiner?« hob Maria die Stimme und sprach erneut den Fahrer an: »Fahren Sie!«

»Ja«, murmelte der Taxifahrer, »damit wir hier endlich wegkommen.«

Die Fahrt verlief eine Weile schweigend, dann wandte sich Maria an den jungen Mann: »Sieht aus, als hassen Sie Frauen.«

»Ich hasse Frauen nicht«, meinte Egon. »Sie sind mir manchmal allerdings«, er räusperte sich, »gleichgültig.«

»Sind Sie Angestellter?«

»Ja«, antwortete er überrascht, »wie kommen Sie darauf?«

»Ich verstehe«, sagte sie. »Sie haben zu kämpfen. Nach der Hackordnung müssen Sie Ihren Platz verteidigen. Jeden Platz. Sogar den in einem Taxi.«

Das Auto hielt an. »Marienplatz.«

Maria lächelte. »Besten Dank, Herr Taxifahrer.«

Egon schüttelte ärgerlich den Kopf. »Ich hab's mir gedacht.«

Maria bezahlte und stieg wortlos aus. Der Taxifahrer schloß ihr den Kofferraum auf. Sie nahm ihren Koffer, beeilte sich, in den Schutz der Haustür zu kommen.

»Also dann weiter«, sagte Egon, warf dem vor der Haustür wartenden Mädchen noch einen Blick zu und rief dann plötzlich: »Halt! Die hat ja meinen Koffer! Das fehlt mir gerade noch.«

Der Taxifahrer setzte den Wagen zurück, stieg aus, holte aus dem Kofferraum den richtigen Koffer und tauschte ihn aus.

»Macht keiner auf?« fragte er teilnahmsvoll.

»Anscheinend ist niemand da«, sagte Maria.

»Was machen Sie denn nun?« fragte der Taxifahrer. »Sie können doch hier nicht im Regen stehen.«

Maria stieg wieder ein, sah den jungen Mann an: »Tut mir leid, ich muß mir ein Hotel suchen.«

»Nichts dagegen, aber zuerst werde jetzt ich wohl abgesetzt.«

»Schon gut, schon gut«, erklärte Maria.

Sie fuhren schweigend.

»Ich denke, Sie werden erwartet«, meinte Egon ironisch. »Sie hatten es doch so wahnsinnig eilig.«

»Meine Freundin arbeitet, vielleicht ist sie aufgehalten worden. Oder sie hat mein Telegramm nicht bekommen.«

»Wann haben Sie es denn losgeschickt?«

»Heute morgen.«

»Etwas spät, würde ich sagen.«

Sie sah ihn ärgerlich an. »Ich sehe, die Situation gefällt Ihnen. Eine Frau, die in Schwierigkeiten ist, hebt das Selbstgefühl eines Mannes.«

»Für mein Selbstgefühl benötige ich keine Frau«, erklärte er fest.

»Benötigen Sie wohl niemals?« fragte sie ironisch.

Er räusperte sich. »Höchstens mal hin und wieder«, gab er dann jedoch zu.

Der Taxifahrer hielt, wandte sich um: »Von der Tann-Straße.«

»Gott sei Dank, zu Hause«, seufzte Egon, zahlte und wollte aussteigen.

»Eine Frage«, wandte sich Maria an ihn, »haben Sie Telefon?«

»Natürlich habe ich Telefon.«

»Ehe ich herumfahre und frage, wo ein Hotel ein Zimmer frei hat, sollte man da nicht viel lieber telefonieren?«

»Was wollen Sie?« hob er die Stimme. »Bei mir telefonieren?«

»Aber vielleicht widerspricht es auch Ihren Prinzipien, eine Frau Ihr Telefon benutzen zu lassen.«

»Nein«, erklärte er knapp, »wenn Sie sich kurz fassen.«

Beide stiegen aus.

Der Taxifahrer holte den Koffer des jungen Mannes.

»Bringen Sie meinen auch mit?« bat das junge Mädchen.

»Wieso Ihren Koffer auch?« fragte Egon überrascht.

»Falls es länger dauert«, meinte Maria.

Egon sah sie nachdenklich an, wandte sich dann an den Taxifahrer: »Kommen Sie lieber auch mit rauf.«

»Mit raufkommen?« fragte der Taxifahrer verdutzt.

»Es ist mir lieber«, erklärte Egon. »Sie soll nach einem Hotel telefonieren und dann wieder mit Ihnen verschwinden.«

»Wie Sie wünschen«, sagte der Taxifahrer.

Egon schloß seine Wohnung auf und zog seinen nassen Mantel aus.

»Darf ich auch?« fragte Maria, wartete seine Antwort nicht ab, nahm die Kapuze vom Kopf, zog auch ihren nassen Mantel aus, schüttelte die Pracht ihrer Haare zurecht und zeigte nun vollends ihr Gesicht, ihre Figur.

»Also, das Telefon ...« Egon brach erstaunt ab. Auch dem Taxifahrer verschlug es ein wenig die Sprache.

»Also, das Telefon ...«, fuhr Egon mit einer deutlich belegten Stimme fort, »befindet sich in diesem Zimmer dort. Wenn Sie es bedienen wollen. Ich selbst ziehe es vor, zunächst einmal in die Badewanne zu steigen.

Das Mädchen lächelte. »Sie haben es gut!«

»Hm«, meinte Egon, »wenn Sie wollen, können Sie natürlich auch die Dusche benutzen!«

»Das ist ein Angebot«, nickte Maria, »naß, wie wir beide sind, und in der Gefahr, sich irrsinnig zu erkälten ...«

»Ja, das ist richtig«, bestätigte Egon, wandte sich langsam an den Taxifahrer und fragte höflich: »Wollen Sie hier einen Augenblick warten?«

Dabei öffnete er die Tür zu einem kleinen Salon und ging mit dem Taxifahrer hinein.

»Bitte, warten Sie hier.«

Er holte eine Flasche, ein Glas, meinte: »Wenn Sie etwas trinken wollen, hier steht alles!«

»Danke«, sagte der Taxifahrer, und die Tür schloß sich.

Der Taxifahrer nahm ein Glas, goß sich einen ganz Kleinen ein und trank den Schnaps, der ihn angenehm erwärmte. Er befand sich in einer großen Stille, die fast ein wenig bedrückend war.

Das heißt, jetzt hörte er etwas, eine Tür ging, er hörte eine Stimme, dann wieder eine Stimme, eine hellere Stimme.

Dann hörte er Gelächter.

Der Taxifahrer wunderte sich ein wenig, das Lachen nahm zu, wurde heller und fröhlicher, man könnte sagen: triumphierender.

Der Taxifahrer öffnete ein wenig die Tür.

»Hallo?« rief er.

»Kleinen Moment noch«, kam die Stimme des jungen Mannes.

Dann zeigte sich Egon. »Kommen Sie«, sagte er und führte den Taxifahrer in einen Raum, in dem ein Tisch festlich gedeckt war.

Da war auch das Mädchen, im festlichen Abendkleid. Sie lachte ihn an.

»Ich glaube«, sagte Maria lächelnd, »jetzt müssen wir Ihnen etwas erklären.« Sie sah zu Egon hinüber. »Erklärst du es ihm?«

Egon nickte, lächelte nun ebenfalls. »Also – immer wenn meine Frau und ich uns streiten, denken wir daran, wie wir uns kennengelernt haben ...«

Maria warf ein: »An einem Regentag!«

»Als wir beide ein Taxi suchten«, sagte Egon.

»Naß bis auf die Haut.«

»Und zutiefst böse miteinander«, ergänzte er.

»Wir denken auch daran, wie wir uns versöhnt haben.«

Maria, nun fast ein wenig mädchenhaft, hielt es für richtiger, den Blick zu senken: »Unter der Dusche!«

Egon fuhr fließender fort: »Wie gesagt, immer wenn wir miteinander Streit bekommen, warten wir auf einen

Regentag, so wie heute, und exerzieren alles noch einmal durch.«

Maria lachte. »Dann gibt es ein großes Mahl, und der jeweilige Taxifahrer wird herzlich eingeladen. Los, rufen Sie Ihre Zentrale an, daß Sie jetzt Feierabend machen!«

Mit Sulzmann im Zeichensaal

Schulschluß.
Die Gänge und Treppen waren gefüllt von Schülern, die die Schule verließen. Das helle Kindergeschrei war überall zu hören, Lärm, den Direktor Rothe liebte, weil er ihn gewohnt war. Er liebte alles, was er gewohnt war. Seiner Meinung nach war das Gewohnte, das Vertraute eine Voraussetzung für menschliches Glück – nur die Entfremdung und Fremdheit würden den Menschen unglücklich machen.

So strebte er seinem Zimmer zu, das sich im dritten Stock befand, genoß das vertraute Bild des lärmerfüllten Schulschlusses, genoß ebenso das respektvolle Aus-dem-Weg-Gehen der Schüler. Er war auch diesen luftleeren Raum des Respektes gewohnt und wunderte sich darüber um so mehr, als jetzt jemand genau auf ihn zukam und ihn zum Halten zwang.

Es war Fräulein Multhaupt, die Handarbeitslehrerin, eine schon ältere Dame, die im Schuldienst nicht nur grau, sondern auch sonderbar geworden war. Sie war klein, ein wenig spitznasig und schien in diesem Moment unter Atemnot zu leiden.

»Herr Direktor«, stieß sie hervor, »Herr Direktor – ich muß Sie sprechen – ich habe Ihnen eine Mitteilung zu machen.«

»Worum geht es denn, Fräulein Multhaupt?« wollte Rothe wissen.

»Um Unzucht, Herr Direktor«, stieß Fräulein Multhaupt hervor, »um Unzucht!«

Rothe glaubte, nicht recht gehört zu haben.

»Unzucht?«

»Sie haben mich richtig verstanden«, beteuerte Fräulein Multhaupt, »und wenn ich Unzucht sage, dann habe ich das richtige Wort gebraucht. Unzucht im Zeichensaal.«

»Was ist denn los? Erklären Sie mir das genauer!« wies Direktor Rothe sie zurecht.

»Der Zeichensaal ist abgeschlossen, Herr Direktor. Von innen abgeschlossen. Und aus dem Raum heraus kommen Geräusche …«

Jetzt sah Fräulein Multhaupt den Direktor fast flehend an, als wolle sie sagen: Ich hoffe, Sie zwingen mich nicht, deutlicher zu werden.

»Was für Geräusche?« bestand Direktor Rothe auf einer weiteren Erklärung.

»Nun …«, stammelte Fräulein Multhaupt etwas unglücklich, »typische Geräusche, Herr Direktor – typische Geräusche.«

Sie räusperte sich, hielt den Blick beharrlich auf ihren Direktor gerichtet.

»Typische Geräusche?« rief Rothe verwundert.

»Typische Geräusche«, wiederholte die Lehrerin fest.

»Na«, sagte Rothe, »dann wollen wir mal nachsehen. Ich denke, Sie werden sich geirrt haben mit Ihren – typischen Geräuschen.«

Er hatte einen Ton in der Stimme, aus dem Fräulein Mult-

haupt eine leichte Mißachtung herauszuhören glaubte. Fast erregt meinte sie, schon neben dem Direktor treppauf steigend, daß sie sehr wohl wisse, was typische Geräusche seien.

Rothe wollte darüber nicht weiter reden, kam bald mit der Lehrerin im ersten Stockwerk an, wo sich die Zeichensäle befanden. Er stutzte, als er die Klinke herunterdrückte. Die Tür war abgeschlossen.

Er klopfte hart dagegen.

»Wer ist da drin? Bitte aufmachen!«

Niemand meldete sich. Es herrschte Totenstille. Keine Geräusche waren zu hören, auch keine typischen.

»Da ist niemand«, sagte Rothe, »irgend jemand hat den Zeichensaal abgeschlossen ...«

Aber die Lehrerin beuge sich vor, flüsterte: »Das Schlüsselloch, Herr Direktor – der Schlüssel steckt von innen.«

Rothe überzeugte sich. In der Tat, man sah den Schlüssel. Er steckte von innen.

Ärgerlich klopfte Rothe nun erneut und energischer an die Tür. »Aufmachen! Direktor Rothe hier. Ich möchte, daß sofort die Tür aufgeschlossen wird.«

Ganz langsam schienen sich Schritte zu nähern, die Tür wurde aufgeschlossen.

Auf der Schwelle stand der Schüler Sulzmann, ein Schüler der Abiturklasse.

Der erste Gedanke Rothes war: Dieser intelligente Junge läßt sich erwischen? Er mochte Sulzmann, der gescheit war, dem das Lernen leichtfiel – der sollte sich nun mit jemandem im Zeichensaal eingeschlossen haben?

Starken Schrittes betrat der Direktor den Zeichensaal und sah sich um.

Aber wie sehr er auch alle Ecken und Winkel des Raumes mit den Blicken durchforschte – er sah niemanden.

»Sie sind allein hier, Sulzmann?«

»Jawohl, Herr Direktor.«

»Und warum schließen Sie sich denn ein?«

»Ich wollte nicht gestört werden«, sagte Sulzmann, ohne mit der Wimper zu zucken.

Die Lehrerin folgte dem Dialog mit erregter Aufmerksamkeit.

»Sulzmann lügt!« rief sie streng. Und als der Direktor sie ansah, flüsterte sie: »Die Geräusche, Herr Direktor, die Geräusche.« Und fuhr fort: »Er hat sie versteckt.«

Rothe sah sich um. Da war ein großer Schrank. Er ging auf den Schrank zu, wollte ihn öffnen, aber der Schrank war abgeschlossen.

Sulzmann stand aufmerksam, fast ein wenig nachdenklich da.

»Haben Sie den Schlüssel zu diesem Schrank, Sulzmann?« fragte der Direktor.

»Nein, Herr Direktor«, sagte Sulzmann, wieder ohne mit der Wimper zu zucken.

»Der Schrank ist nie abgeschlossen«, rief Fräulein Multhaupt, »ich wette, dort hat er sie versteckt!«

»Haben Sie dort jemanden versteckt, Sulzmann?« fragte Rothe erneut und so streng wie möglich.

»Nein, Herr Direktor ...«, beteuerte Sulzmann, aber wie es schien, schon etwas weniger fest in der Stimme.

Rothe wandte sich an die Lehrerin. »Der Pedell soll kommen. Mit Werkzeug, um diesen Schrank da zu öffnen.«

»Jawohl«, sagte Fräulein Multhaupt eilig, verließ den Raum, den gerade zwei Lehrer betraten, so, als habe es sich herumgesprochen, daß hier oben im Zeichensaal ein Exempel statuiert werde.

Die Herren wurden kurz ins Bild gesetzt.

Allgemeine Empörung breitete sich aus.

Sulzmann stand ein wenig abwesend neben dem Schrank, es schien, als nehme er seine Umgebung nicht wahr.

Als Fräulein Multhaupt mit dem Pedell erschien, der einen Werkzeugkasten trug, hatten sich noch einige Lehrer mehr eingefunden, die dem Vorgang mit gespannter Aufmerksamkeit folgten.

Rothe richtete sich auf, maß Sulzmann mit starken Blikken. »Also, Sulzmann, Sie haben eine letzte Chance, die Schlüssel zu diesem Schrank herauszurücken.«

Sulzmann stand nah vor Rothe, flüsterte plötzlich, ohne

daß irgend jemand anderer die Worte hören konnte: »Im Schrank befindet sich Ihre Tochter, Herr Direktor.«

Ein eisiger Schreck durchfuhr Rothe. Er setzte mehrfach an, um Luft zu holen.

Im Rücken spürte er die Blicke des halben Lehrerkollegiums. Er dachte: Hilde? Hilde, da im Schrank? Sie war mit Sulzmann in einer Klasse. Das war richtig, und sie hatte eine Schwäche für Sulzmann, das hatte sie ihm selber gesagt. Sie hatte gesagt: Ich mag ihn. Er hat Köpfchen.

Sulzmann sah den Direktor an und flüsterte: »Was machen wir, Herr Direktor?«

Rothe atmete tief, räusperte sich, wandte sich um. Er sah die Blicke der halben Lehrerschaft auf sich gerichtet.

Der Pedell kam nach vorn.

»In zwanzig Sekunden ist der Schrank offen, Herr Direktor …«

Rothe hob die Hand.

»Langsam, langsam«, murmelte er, »da ist – noch etwas zu bedenken. Die – die Sache hat auch eine – psychologische Seite, die wir – gerade wir als Lehrer, als Pädagogen nicht außer acht lassen dürfen.«

Er hatte stockend begonnen, fuhr nun fließender fort: »In diesem Schrank da befindet sich ein Mädchen, das sich mit dem Schüler Sulzmann eingelassen hat, was nun alle Welt weiß. Sie wissen es, meine Damen, meine Herren, und morgen weiß es die ganze Schule, was hier passiert ist, was hier vor sich gegangen ist. Und das Mädchen, schon genug bestraft durch die Aufregungen dieses Augenblicks, wird – vernichtet sein. Ja, das ist kein zu starker Ausdruck. Was morgen die ganze Schule weiß, weiß übermorgen die ganze

Stadt. Können wir das zulassen? Ich frage Sie als Pädagogen: Hieß das nicht, das Mädchen zu streng zu bestrafen …?«

Rothe fuhr fort: »Folgender Vorschlag: Sulzmann sagt mir jetzt, mir allein, den Namen des Mädchens. Und ich …«, Rothe atmete erneut tief ein, »ich werde mit dem Vater des Mädchens sprechen, daß er die – die richtigen Maßnahmen findet im – im Interesse des Mädchens.«

Es entstand eine gewisse Unruhe in der versammelten Lehrerschaft. Man fand Argumente, Gegenargumente, aber schließlich schienen alle bereit, die Neugier, zu wissen, zu sehen, wer sich da nun im Schrank befand, unbefriedigt zu lassen.

Die Haltung Rothes, aus der eine so hohe Gesinnung sprach, übte ihre Wirkung aus.

Rothe wandte sich streng an Sulzman: »Den Namen des Mädchens, Sulzmann.«

Sulzmann näherte sich dem Ohr des Direktors und flüsterte: »Sie sind klasse, Herr Direktor.«

Rothe richtete sich auf, wandte sich der Lehrerschaft zu: »Ich weiß nun den Namen des Mädchens. Ich werde heute noch mit dem Vater sprechen.«

Er räusperte sich: »Und nun – verlassen wir alle den Raum, damit das unselige Geschöpf diesen Raum hier ebenfalls in aller Ruhe verlassen kann.«

Er schritt als erster hinaus, die Lehrer folgten ihm, wobei einige den Direktor beglückwünschten, fast Tränen in den Augen hatten. Man begab sich ins Lehrerzimmer, um jede Möglichkeit auszuschalten, doch noch einen Blick auf die Unglückliche werfen zu können.

Dann begab sich Rothe eilends nach Hause.

Er stürmte gleichsam ins Haus, rief mit donnernder Stimme: »Wo ist Hilde?«

Frau Rothe sah ihren zornigen Gatten etwas verwundert an: »Das Kind ist in seinem Zimmer.«

»Gerade nach Hause gekommen, wie? Völlig aufgeregt, völlig aufgelöst ...«

Frau Rothe wunderte sich erneut.

»Das Kind ist schon seit einer Stunde hier.«

»Wie, was?« rief Rothe. »Seit einer Stunde? Das Kind ist seit einer Stunde im Haus?«

»Warum fragst du?« wunderte sich Frau Rothe.

»Nichts, nichts«, murmelte ihr Mann, stand eine Weile nachdenklich da, lachte dann auf.

Er sagte nur: »Ganz intelligente Schüler, die wir da haben. Intelligent und äußerst kaltblütig. Dieser Sulzmann – von dem werden wir noch viel hören.«

Ein bisschen Halleluja

Die junge Frau stand am Straßenrand und trug ein Baby im Arm, das sie in eine Decke eingewickelt hatte.

Die Frau winkte einem Taxi. Der Fahrer bemerkte ihr Zeichen, fuhr an den Straßenrand, hielt und öffnete die hintere Wagentür.

»Nehmen Sie mal?« bat die Frau und reichte dem Taxifahrer das Baby.

»Ja, gerne«, sagte Harald, der Taxifahrer, der ein vergnügter und umgänglicher Mensch war, nahm das Baby und legte es in seiner Tasche in den Fond. »Das ist aber ein hübsches Baby«, fügte er bewundernd hinzu.

»Nicht wahr«, meinte die junge Frau kurz und sagte: »Wörndelstraße zehn, zu Kempes.«

»In Ordnung, junge Frau«, antwortete Harald, »steigen Sie nur ein.«

Die Frau schüttelte den Kopf. »Ich steige nicht mit ein. Geben Sie das Baby nur dort ab, bei Roland Kempes. Mit einem schönen Gruß von Helga.«

Sie wandte sich um und verschwand schnell im Menschengewühl.

Harald stieg aus, rief: »He! Hallo, junge Frau!« Aber von der jungen Frau war nichts mehr zu sehen.

Harald stand ziemlich betroffen da. Er hatte das deutliche Gefühl, in eine unangenehme Situation geraten zu sein.

Aber was blieb ihm übrig? Er setzte sich in seinen Wagen und fuhr los.

Wörndelstraße zehn, Roland Kempes? Ab und zu warf Harald einen Blick nach hinten. Das Baby schlief. Aber vielleicht tat es auch nur so. Es lächelte jedenfalls nicht. Und schon gar nicht ironisch.

Harald hielt vor dem Haus Nummer zehn. Ein Mietshaus, vier Stockwerke, auf dem Klingelschild an der Haustür eine Menge Namen. Tatsächlich auch Kempes. Das erleichterte Harald beträchtlich.

Er nahm das Baby, das immer noch in engelhafter Ruhe dalag, obwohl es ihn jetzt mit klaren blauen Augen ansah. Dann stieg er die Treppe hinauf. Zweiter Stock, die Tür rechts. Kempes. Harald klingelte und wartete.

Die Tür öffnete sich, ein junger Mann sah etwas verdutzt auf den Taxifahrer.

»Roland Kempes?« fragte Harald. »Sind Sie das?«

Und als der junge Mann überrascht nickte, streckte ihm Harald das Baby entgegen: »Ich soll das hier abgeben. Mit einem schönen Gruß von Helga.«

Der junge Mann schien zu erstarren. Er rührte sich nicht vom Fleck. Dann begann er wie in panischer Angst den Kopf zu schütteln, schüttelte ihn immer stärker, sagte nur: »Nein! Nein!« und schlug die Tür zu.

»Hallo!« rief Harald.

Der junge Mann öffnete nicht, antwortete: »Gehen Sie weg! Ich habe mit dem Baby nichts zu tun, bringen Sie es der Mutter zurück!«

»Würde ich ja gerne tun«, rief Harald, »aber sie hat mir

ihren Namen nicht genannt und schon gar nicht ihre Adresse.«

»Das ist Ihre Sache«, rief der junge Mann zurück, dessen Stimme immer noch seinen tiefen Schrecken wiedergab. »Gehen Sie!«

Harald überlegte, dann ging er ein paar Treppen abwärts, hielt an, kehrte auf Zehenspitzen zurück und setzte sich auf eine Stufe der Treppe, die weiter nach oben führte.

Tatsächlich öffnete sich die Wohnungstür leise, der junge Mann ging, ebenfalls auf Zehenspitzen, auf die Treppe hinaus, machte einen langen Hals, um nach unten zu sehen, und erschrak, als Harald sagte: »Hier bin ich!« Er stand nicht auf, sondern blieb auf der Treppenstufe sitzen und sagte entschieden: »Ich bleibe hier so lange sitzen, bis Sie mir das Kind abnehmen.«

Der junge Mann stotterte: »Kommt nicht in Frage. Gehen Sie, gehen Sie!«

»Sie sind der Vater, nicht wahr?« fragte Harald.

Der junge Mann hob die Hände, seine Stimme hatte keinen klaren, überzeugenden Ton. Er stieß hervor: »Sagt sie! Sagt sie! Was weiß ich, wer der Vater ist. Sie – sie möchte gerne, daß ich es bin.«

»Moment«, sagte Harald. Er stand auf. »Bleiben Sie mal da stehen. Lassen Sie sich mal anschauen.«

Er sah den erschrockenen jungen Mann an, dann das Baby und meinte dann: »Na, hören Sie mal, wie aus dem Gesicht geschnitten. Die Sache ist klar. Sie haben ein Kind, ich gratuliere!«

Der junge Mann begann wieder aufgeregt den Kopf zu

schütteln, zog sich in die Wohnung zurück und warf die Tür ins Schloß, daß es nur so knallte.

»Hm«, sagte Harald und setzte sich wieder auf die Treppenstufe. Das Baby schien ein wenig zu lächeln.

Auch Harald lächelte, nickte dem Baby zu. »Das ist Kaltblütigkeit, in einem solchen Moment zu lächeln. Vom eigenen Vater verleugnet! Einem Vater, der uns von der Schwelle jagen will. Mal sehen, wer hier die besseren Nerven hat.«

Eine Frau kam die Treppe hoch, eine Hausfrau, man sah es an der Einkaufstasche.

»Moment«, sagte Harald, stand auf und machte Platz.

»Oh«, sagte die Hausfrau, »ein Baby.«

»Ja, ein Baby. Wie finden Sie das Baby?«

»Wie ich es finde?« fragte die Hausfrau ein wenig verblüfft und sah dann genauer hin. »Das ist ein hübsches Baby.«

»Haben Sie mal die Augen gesehen?«

»Ja, hübsche Augen.«

»Wenn Sie mich fragen ...«, meinte Harald, »ich habe selten ein Baby mit so hübschen Augen gesehen.«

»Ist es Ihr Baby?«

»Nein. Es ist nicht meins. Wissen Sie, dieses Baby wird von seinem Vater verleugnet. Kann man sich so was vorstellen? Dabei haben wir zuwenig Babys, sogar einen richtigen Mangel haben wir an gesunden Babys. Und da hat schon mal einer eins, und der will es dann nicht.«

»Aha«, sagte die Hausfrau, sah Harald fragend an und folgte mit den Blicken seinem ausgestreckten Finger, der auf die Wohnungstür von Kempes zeigte. Die Hausfrau meinte: »Er macht nicht auf.«

»Er hat schon zweimal aufgemacht. Und zweimal wieder zu. Aber ich dachte mir«, er lächelte, »wir gehen hier einfach nicht weg.«

»Sehr gut.« Die Hausfrau nickte, stellte ihre Einkaufstasche entschlossen auf die Treppenstufe und setzte sich daneben. »Ich werde Ihnen behilflich sein. Auch ich werde hier nicht weggehen.«

Sie heftete einen durchdringenden Blick auf die Wohnungstür. »Ein Vater, der sein Kind verleugnet!«

Gerade in diesem Augenblick öffnete sich die zweite Wohnungstür, eine junge Frau kam heraus, sah verdutzt den Taxifahrer neben der Haufrau auf der Treppenstufe sitzen. Einen Taxifahrer mit einem Baby im Arm.

»Nanu?« rief die junge Frau aus. »Was ist denn hier los?«

Die Hausfrau sagte: »Fragen Sie nur. Hier hat ein Taxifahrer ein Kind bekommen.«

Erschrocken warf Harald ein: »Nein, nein, ich bin nicht selbst niedergekommen, obwohl ...«, er hob die Stimme und sprach laut gegen die Wohnungstür, »ich wäre stolz darauf. Leider ist es uns Männern nicht vergönnt, so etwas persönlich auf die Welt zu bringen. Unser Anteil ist vergleichsweise gering. Vielleicht ist es eben die Geringfügigkeit unseres Anteils, die es leichtmacht, ihn zu verleugnen.«

Die Hausfrau erklärte: »Die Mutter hatte es ihm einfach in die Hand gedrückt. Er sollte es zum Vater bringen.«

Die junge Frau zog scharf die Luft ein, folgte den Blicken der beiden anderen und fragte: »Roland?«

»Roland Kempes«, sagte die Hausfrau, die in einer Weise auf der Treppenstufe saß, daß nicht einmal Feuerwehrmänner sie hätte entfernen können.

»Darf ich mal sehen?« fragte die junge Frau, warf einen Blick auf das Baby und sagte: »Wir wohnen schon zwölf Jahre neben Kempes …«

»Ist der Mensch vielleicht verheiratet?«

»Nein, nein, er wohnt bei seinen Eltern. Aber dies ist das erste Zeichen einer Aktivität, das ich von ihm sehe.« Sie richtete sich wieder auf und sagte: »Ein echter Kempes.«

Das Baby verzog das Gesicht und begann zu weinen.

»Was hat es denn?« fragte Harald.

»Die Windeln«, meinte die Hausfrau. »Sie müssen wahrscheinlich gewechselt werden.«

In diesem Augenblick kamen zwei etwa zwölfjährige Mädchen die Treppe herunter.

»Monika«, sagte die Hausfrau, »ihr habt doch auch ein Baby. Holst du mal eine frische Windel?«

Das Mädchen trat heran. »Wem gehört denn das Baby?«

Die Hausfrau wurde energisch. »Das wird sich schon noch herausstellen!«

Monika eilte nach oben.

Fast gleichzeitig kam ein älterer Herr die Treppe herauf, stand verdutzt vor der Ansammlung.

»Was passiert?« fragte der Herr.

»Sie sehen hier eine Zeitbombe«, sagte die Hausfrau, die damit Sinn für Humor bewies. »Sie liegt vor der Wohnungstür von Kempes und tickt.«

»Wie, was?« fragte der Herr erschrocken.

»Der Kerl verleugnet sein Baby«, sagte die Hausfrau und setzte den Herrn, der auch ein Hausbewohner war, mit wenigen Worten ins Bild.

»Ja, wie«, staunte der Herr. »Er macht die Tür nicht auf?«

»Er hält sie eisern geschlossen«, sagte Harald.

»Nun«, sagte der ältere Herr, »ich kenne manchen Vater, der mit seiner Vaterschaft nicht ganz glücklich ist …«, er atmete tief ein, schüttelte den Kopf, »aber so früh damit anzufangen!«

»Nicht wahr«, stimmte Harald zu, »er sollte es doch wenigstens mal probieren.«

»Was ist es? Ein Junge?«

Harald räusperte sich. »Wir haben gerade erst entdeckt, daß es ein Mädchen ist. Schauen Sie sich das Kind mal an. Direkt was fürs Werbefernsehen.«

Eine halbe Stunde verging, und weitere Hausbewohner hatten sich auf der Treppe versammelt. Ein allgemeines Gesumme erfüllte das Treppenhaus, und hin und wieder war ein Gelächter zu vernehmen, in dem ein drohender Unterton unüberhörbar war.

Dann plötzlich war Stille, absolute Stille.

Roland stand im Flur seiner Wohnung und horchte: Daß er plötzlich nichts mehr hörte, erleichterte ihn ebensosehr, wie es ihn erschreckte.

Er schlich an seine Wohnungstür. Wartete geschlagene zehn Minuten, dann öffnete er vorsichtig die Tür – vor sich aufgebaut auf der Treppe, die nach oben führte, präsentierte sich ihm ein gewaltiges Gruppenbild von Hausbewohnern, geschart um einen Taxifahrer, der ein Baby in den Armen hielt.

Ehe Roland sich von seinem Schrecken erholen konnte, hörte er einen mehrstimmigen Gesang und erkannte das Lied »Happy birthday to you«

Als der Gesang beendet war, sagte der Taxifahrer: »Ist es nicht schön, wenn man einen Menschen, der gerade geboren ist, so begrüßt? Ein bißchen Halleluja ist da doch wohl angebracht!«

»Was bedeutet das?« fragte Frau Kempes, die in dem Augenblick die Treppe heraufkam und ihren Sohn mit einem Baby im Arm entdeckte.

Der junge Mann stotterte: »Ich habe ein Kind, Mama ... Helga hat mir das Baby geschickt.«

Frau Kempes musterte die Versammlung. Zuerst ihren hilflosen Sohn, dann das Baby, und dann sagte sie: »Ist es denn möglich, daß du mal etwas zuwege gebracht hast, was Hand und Fuß hat ...?«

Sie nahm ihm behutsam das Baby ab, sah es wieder und wieder an und schenkte ihm eines der schönsten Dinge, die es auf dieser Welt gibt.

Ein Großmutterlächeln.

Ring und Kette

Eine Einkaufsstraße mit der Pracht ihrer Auslagen. Auf Hochglanz polierter Marmor und Edelhölzer, raffiniert drapierte Stoffe, Samtunterlagen, blitzende Spiegel, in denen die angebotenen Gegenstände sich vervielfältigen, getreu dem Prinzip: mehr, größer, schöner.

Ein kleiner Junge stand vor einem Juweliergeschäft. Er war etwa zwölf Jahre alt und sah aus, wie zwölfjährige Jungen aussehen, ein wenig – fast möchte man sagen: irrational. Die Kraft des Träumens war noch in ihm, die Welt bot sich ihm dar in einer ersten Begegnung, die bekanntermaßen die schönste ist, zumindest die unproblematischste. Er sah sich noch nicht gezwungen, über diese Welt nachzudenken. Was ihm natürlich nicht erspart bleiben würde.

Sein Fahrrad hatte er an die Hauswand gelehnt, und er schaute intensiv in die Auslage hinein.

Dann schien er einen Entschluß zu fassen. Er betrat das Juweliergeschäft.

Drinnen herrschte edle Stille. Die ausgestellten Gegenstände aus Gold, Silber und anderen Metallen hüllten sich in vornehmes Schweigen.

Der Juwelier hatte die Glocke an der Tür gehört, kam zum Vorschein.

»Guten Tag«, sagte Moritz höflich.

»Na, mein Junge«, sagte der Juwelier, »hast du einen Wunsch?«

Moritz nickte ernsthaft.

»Ich möchte etwas kaufen.«

»Du willst etwas kaufen? Was darf es denn sein?«

Moritz hatte den Blick auf den Juwelier gerichtet, voll Vertrauen, fragend.

»Ich weiß noch nicht genau. Einen Ring, ein Armband oder auch eine Kette.«

»Du willst Schmuck kaufen?« fragte der Juwelier ein wenig verwundert.

»Ja.«

»Für wen soll denn der Schmuck sein?«

»Für ein Mädchen.«

Der Juwelier war ein älterer Mann, der den Jungen mit Sympathie betrachtete, nun aber auch mit Überraschung. »Du willst einem Mädchen etwas schenken?«

Der Junge blieb ernst, fand in der Frage nichts besonders Aufregendes, nickte nur.

»Hast du denn Geld bei dir?«

Statt einer Antwort knöpfte der Junge sein Hemd auf, brachte einen ledernen Brustbeutel zum Vorschein. Er öffnete ihn, griff mit der Hand hinein und brachte Geld zum Vorschein, einen Zehnmarkschein und einige Goldmünzen. Die Hand schob das Geld über das blitzend polierte Glas des Vitrinentisches.

Der Juwelier entschloß sich, das Geld zu zählen.

»Das sind – zehn, fünfzehn, sechzehn – achtzehn Mark und dreiundvierzig Pfennig.«

Er ah den Jungen an, der Junge sah den Juwelier an. »Was kriegt man dafür?«

»Hm«, meinte der Juwelier, »viel ist das nicht.«

»Es soll ja auch nichts Großes sein …«

»Was hattest du dir gedacht? Einen Ring?«

»Oder auch eine Kette …«

»Und für ein Mädchen, sagtest du? Was für ein Mädchen ist denn das?«

»Aus meiner Klasse, die Stefanie Stein.«

»Soso, die Stefanie Stein. Wie alt ist denn die Stefanie?«

»Elf.«

»So, elf Jahre. Sie ist deine Freundin, der du etwas schenken möchtest.«

Der Junge nickte.

Der Juwelier sah in die offenen Augen des Jungen.

»Denkst du an einen Freundschaftsring?«

»Ja.«

»Darf ich mal was fragen«, murmelte der Juwelier, »hast du sie so gern, die Stefanie?«

»Ja.«

Der Juwelier nahm die knappe, ernste Antwort entgegen, lächelte und sagte plötzlich: »Na, dann wollen wir mal sehen, was wir da haben. Für achtzehn Mark dreiundvierzig gibt es natürlich nichts Gewaltiges, das kannst du dir sicher denken …«

»Es soll etwas sein, was ihr gefällt.«

»Weiß die Stefanie schon, daß sie etwas geschenkt bekommt?«

»Nein, sie weiß nichts.«

Der Junge taute ein wenig auf, er schien die erste Hemmung überwunden zu haben.

»Soll also eine Überraschung sein?«

»Ja.«

»Du gibst ihr das doch nicht in der Schule?«

»Nein, zu Hause.« Er fügte hinzu: »Bei ihr zu Hause. Wir machen Schularbeiten zusammen.«

»Ah, und dabei habt ihr euch so gut kennengelernt, daß du die Freundschaft jetzt mit einem persönlichen Geschenk besiegeln willst?«

»Ja.«

Der Juwelier hatte eine Schublade aufgezogen. Auf blauer Samtfläche staken Ringe, lagen ausgebreitet kleine Ketten. Der Juwelier fühlte sich in eine merkwürdige Stimmung versetzt.

»Such dir was aus«, sagte er.

Der Junge überflog die Pracht der Ringe, der Ketten.

»Wir wissen natürlich die Größe nicht«, meinte der Juwelier, »aber das macht nichts. Du schickst sie mir dann her, und wir machen den Ring enger, oder …«, setzte er lebhaft fort, »du nimmst eine Kette dazu. Dann kann sie den Ring an der Kette tragen, und die Kette trägt sie um den Hals …«

Der Juwelier merkte, daß er sich ein wenig hinreißen hatte lassen, wunderte sich über sich selbst und hielt inne.

Der Junge sah ihn an, fragte: »Reicht denn das Geld?«
»Hm«, meinte der Juwelier, »wie heißt du?«
»Moritz. Moritz Bender.«
»Ich gebe dir für dieses Geld diesen Ring und diese Kette.« Er sagte plötzlich trocken: »Kein schlechtes Geschäft für dich. Schließlich bist du ein potentieller Kunde von morgen. So, und jetzt packen wir das Ganze hübsch ein …«

Ein Kinderzimmer. In der Mitte ein Tisch. Am Tisch Stefanie und Moritz.

Stefanie war ein hübsches Mädchen, zwar in allem noch etwas klein, aber daß sie in allem nicht klein bleiben würde, das sah man, das war als Ahnung schon vorhanden, wobei die Ahnung fast den größeren Reiz hatte.

Beide hatten sie Hefte vor sich liegen und schrieben. Sie schrieben langsam, weil man ja zwischendurch überlegen muß, und hin und wieder fiel auch ein Wort.

Jetzt griff Moritz langsam hinunter in seine Schultasche und brachte ein Päckchen zum Vorschein. Es lag eine Weile neben seinem Heft.

Stefanie sah das kleine Päckchen, sagte aber nichts.

Er schob ihr das Päckchen zu, eine eindeutige Bewegung, die sagte: Da, das ist für dich.

Stefanie packte das Päckchen aus.

Moritz hatte den Stift sinken lassen, schaute ihr zu.

Sie sah den Ring, sah die Kette, sah ihn an. Moritz sah sie an. Er wußte noch nicht, was man sagt und tut, wenn man etwas schenkt, und sie wußte noch nicht, was man sagt und tut, wenn man ein Geschenk entgegennimmt.

Es blieb einfach eine schöne Stille.

»Du kannst den Ring an der Kette tragen«, sagte er.

Da ging plötzlich die Tür auf.

Stefanies Mutter kam herein, wollte etwas sagen oder fragen. Da sah sie den Ring, die Kette.

Sie stutzte. »Was ist denn das?« Sie nahm den Ring, die Kette in die Hand. »Was ist das für Schmuck?«

Die beiden Kinder waren stumm.

»Hast du ihr das mitgebracht?« fragte Frau Stein den Jungen.

Er nickte.

»Wozu? Was bedeutet das?«

Sie sah das Päckchen, das aufgerissene Schmuckpapier, sah den Aufdruck des Juweliers.

»Von einem Juwelier?« staunte sie. »Du hast der Stefanie ein Geschenk gekauft? Bei einem Juwelier?«

»Ja.« Der Junge nickte beklommen. Zum ersten Mal erhob sich die ganze unverständliche Welt gegen ihn.

Die Mutter sah von einem Kind zum anderen, mit plötzlichem Mißtrauen.

»Was geht denn hier vor?« rief sie. »Ich denke, ihr macht hier Schularbeiten?«

Sie sah aufgeregt ihre Tochter an.

»Stefanie? Ich lasse euch hier immer allein. Ja, was passiert denn hier?«

Die Kinder schwiegen, auch darin waren sie noch nicht geübt, zu verstehen, was da gesagt wurde.

»Sofort die Hefte zu«, befahl die Mutter, und zu Moritz: »Und wir gehen jetzt zu deinem Vater.«

Herr Bender sah seinen Sohn perplex an.

»Was sagst du? Wiederhol das noch mal: Für wieviel hast du das gekauft?«

»Für achtzehn Mark und dreiundvierzig …«

Bender starrte seinen Sohn betroffen an.

»Moritz, du lügst – das sieht man den Sachen doch an, wieviel sie wert sind.«

Er betrachtete den Ring, die Kette. »Das hier ist gestempelt. Das kostet weit über hundert Mark. Woher hast du das Geld? Hast du es gestohlen? Hast du es aus meiner Tasche genommen? Aus der Schublade …?«

Die Welt wurde immer unverständlicher. Der Junge begriff seinen Vater nicht, der Vater begriff seinen Sohn nicht. Und das von einer Minute auf die andere.

Moritz schüttelte den Kopf. »Nein, nein …«

»Du bleibst dabei? Das hast du für achtzehn Mark und dreiundvierzig Pfennig gekauft?«

»Ja.«

Da bekam er die erste Ohrfeige. Herr Bender wandte sich an Frau Stein.

»Entschuldigen Sie, dem Jungen fehlt die Mutter. Ich kann mich nicht so um ihn kümmern, wie es nötig wäre.«

Er wandte sich wieder an den Jungen.

»Woher hast du das Geld?«

»Es ist doch mein Taschengeld …«, beteuerte der Junge.

»Herrgott, Junge, du sollst die Wahrheit sagen. Woher hast du das Geld, und wozu kaufst du das? Wozu?«

Herr Bender und Frau Stein standen vor dem Juwelier.

Der Juwelier besah Ring und Kette, hob den Blick.

»Ja, das habe ich heute mittag verkauft. An einen Jungen von elf, zwölf Jahren.«

»Für achtzehn Mark und dreiundvierzig Pfennig?«

Der Juwelier nickte.

»Das ist doch nicht möglich«, protestierte Herr Bender, »die Sachen sind doch viel mehr wert.«

Wieder nickte der Juwelier.

»Ja, das ist richtig, aber ich habe sie dem Jungen gegeben für das Geld, das er bei sich hatte.« Er lächelte. »Mehr hatte er nicht bei sich.«

»Ja, sagen Sie«, staunte Herr Bender, »warum haben Sie das getan ...?«

Der Juwelier lächelte, hob die Schultern. Ich habe mich das nachher selber gefragt. Ich habe ganz unkaufmännisch gehandelt, was sonst nicht meine Art ist, aber ich hatte plötzlich das Gefühl, als begegnete ich – der Liebe ...«, er war fast ein wenig verlegen, »naiver, unschuldiger Liebe.«

Er sah von einem zum anderen.

»Für alles Geld der Welt können wir uns das nicht mehr zurückkaufen.«

Der Chef hat ein Anliegen

Buchhalter Monk klopfte an die Tür zum Chefzimmer. »Kommen Sie herein«, sagte der Chef. »Nur zu, Herr Monk!« Der Chef stand auf, kam seinem Buchhalter entgegen, zeigte deutlich ein ganz ungewohntes Wohlwollen. »Kommen Sie, lieber Freund«, sagte Herr Dinkler, legte Monk den Arm um die Schulter und bat ihn, Platz zu nehmen.

Monk war ein Mann von Bescheidenheit. Nicht weil er Bescheidenheit für eine Tugend hielt, sondern weil er ein schüchterner Mensch war, der lieber andere reden und noch lieber handeln ließ.

Aber auf seinem Gebiet, auf dem Gebiet der Buchhaltung, war er von großer Zähigkeit, fast müßte man sagen: Tapferkeit. Er stand dem zähen Stoff gegenüber wie ein wahrer Feldherr. Was sein Chef, Herr Dinkler, wußte.

Herr Dinkler wartete ab, bis Herr Monk sich gesetzt hatte, umwanderte ihn etwas zögernd und, wie es schien, auch ein wenig unsicher, was wiederum eine Unsicherheit bei Herrn Monk verursachte, der seinen Chef noch niemals unsicher gesehen hatte.

Dinkler lächelte ein wenig entschuldigend. »Ich wollte etwas mit Ihnen besprechen, lieber Herr Monk.«

»Ich hoffe, es ist alles in Ordnung mit der Buchhaltung?«

»Aber ja«, beruhigte in der Chef und meinte dann zögernd: »Dennoch, mein Anliegen betrifft die Buchhaltung.« Er zögerte erneut. »Es handelt sich um eine mehr private Sache. Ich kann doch ganz offen sein?«

»Selbstverständlich«, beteuerte Monk.

»Sie wissen«, begann Dinkler, »daß ich seit zwei Jahren geschieden bin.«

»Jaja, ich habe davon gehört«, sagte Monk und räusperte sich.

Dinkler lächelte ein wenig. »Zuerst jubelt man, daß man die Freiheit wieder hat, und dann auf einmal ... gefällt einem das gar nicht mehr. Und man möchte plötzlich lieber heute als morgen die vielgepriesene Freiheit wieder verlieren.«

Er sah Monk aufmerksam an. »Sie begreifen mich nicht, was?«

»Ehrlich gesagt, nein.«

»Na ja«, meinte Dinkler, »ich muß wohl raus mit der Sprache.«

Er gab sich deutlich einen Ruck. »Ich möchte mich wieder verheiraten, habe auch schon jemanden im Auge, aber ...«, er hob die Schultern, lächelte fast ein wenig beschämt, als mache er ein überaus delikates Geständnis, »... aber ich trau mich nicht richtig ran.«

Er lachte. »Nicht wahr, da staunen Sie! Ich staune selber, aber Sie werden gleich begreifen. Es ist jemand aus unserem Betrieb. Genauer gesagt: aus der Buchhaltung.«

Er ließ Monk keine Zeit, seine Überraschung zu zeigen. »Ich meine Fräulein Wegener.«

Nun allerdings zeigte Monk seine Überraschung, und zwar seine vollkommene Überraschung.

»Wie, was? Fräulein Wegener?«

»Ist Ihnen gar nicht aufgefallen, was«, sagte Dinkler lachend, »daß ich ein Auge auf sie geworfen habe?«

»Nein«, murmelte Monk, »das habe ich allerdings noch nicht bemerkt.«

»Ich bin hingerissen«, sagte Dinkler nun lebhaft. »Und ich habe ernsthafte Absichten. Aber, wie gesagt, ich trau mich nicht, mit der Sache herauszukommen. Deswegen habe ich an Sie gedacht.«

»An mich?«

»Können Sie sich nicht denken, was ich von Ihnen will?« Er stieß Monk freundschaftlich an. »Na, Monk. Ich möchte wissen«, er hob die Stimme, »ob ich überhaupt eine Chance habe. Ich möchte gern, daß Sie das für mich herausbekommen. Kann doch sein, daß ich für Fräulein Wegener ein Ekel bin, ein ganz unmöglicher Mensch. Wenn ich das nämlich weiß, dann schlage ich mir die Geschichte aus dem Kopf, und niemand hat sein Gesicht verloren.«

Dinkler sah seinen Buchhalter erwartungsvoll an. »Na, wie finden Sie das?«

»Ja, das ist …« Monk stockte, er war noch unfähig, sich aus seiner Überraschung zu lösen. »Was soll ich denn da tun?« stammelte er etwas ratlos.

»Ganz einfach«, entschied Dinkler. »Sie laden sie ein, gehen mit ihr aus, essen gut, trinken eine Flasche Wein mit ihr – auf meine Rechnung selbstverständlich – und fühlen dann mal vor, was sie so hält von ihrem Chef. Da werden Sie mir doch Ihre Hilfe nicht versagen.«

Es war ein erstklassiges Lokal, der Ober im Frack von unpersönlichster Liebenswürdigkeit, das Licht gedämpft. Alles paßte zusammen, das Silber zu den Weinkelchen, die Blumen zu den Vorhängen.

Irene sah Monk an. »Ich hätte das nie für möglich gehalten, Herr Monk.«

»Was hätten Sie nicht für möglich gehalten, Fräulein Irene?«

»Daß Sie mich mal einladen würden, Herr Monk. Sie, Herr Monk.«

Er überlegte, warum sie den letzten Satz so betonte, hatte aber damit zu tun, gegen ein leichtes Brausen anzukämpfen, das seinen Kopf erfüllte und seinen Gedanken die gewohnte Schärfe nahm.

»Es ist ja nichts Besonderes«, meinte er, »daß man mal eine – eine so gute, so ausgezeichnete Mitarbeiterin zum Essen einlädt.«

»Doch.«

»Wie meinen Sie ›doch‹?«

»Es ist etwas Besonderes, jedenfalls für mich. Und ein so wundervolles Lokal!« schwärmte Irene Wegener.

»Jaja«, murmelte Monk, »alles hier ist sehr – sehr feierlich.«

»Nicht wahr?« sagte Irene lebhaft.

»Also, was nehmen wir?« fragte Monk, studierte ein wenig blind die Speisekarte.

Sie studierte auch, sah ihn dann erschrocken an. »Herr Monk«, flüsterte sie, »haben Sie mal rechts gesehen?«

»Rechts?« wiederholte er.

»Ich meine die Preise«, flüsterte Irene.

Er lachte und bemerkte zu seiner Verwunderung so etwas wie einen gewissen Trotz in seiner Stimme. »Das spielt keine Rolle. Geld ist ...«, er räusperte sich, »... eine Nebensache.«

Sie staunte ihn an.

»Suchen Sie nur aus. Kaviar gefällig? Und was für einen Wein möchten Sie? Haben Sie keine – keine Vorstellung, wie Sie am besten in Stimmung kommen?«

»Ich bin schon in Stimmung.«

»Sie sind schon?«

»Ja, sehr.« Irene lächelte. »Ich habe meinen Kolleginnen erzählt, daß ich heute abend mit Ihnen ausgehe.«

»Haben Sie?«

»Ja, und ich muß ihnen morgen erzählen, was wir gegessen, was wir getrunken haben.«

»Warum das?«

Sie zögerte ein wenig, überwand eine leichte Hemmung und strahlte ihn mit großen Augen an. »Sie haben gesagt ...«

Sie zögerte erneut. »Ich muß vielleicht um Entschuldigung bitten, daß ich es so offen ausspreche ...«

»Sprechen Sie nur.«

»Sie haben gesagt, wenn er dich groß einlädt, mit allen Schikanen ...« Sie zögerte wieder.

»Warum sprechen Sie nicht weiter«, sagte Monk, in dessen Kopf das Brausen jedesmal zunahm, wenn er Irene ansah.

»Sie sagten – dann will er etwas von dir!«

»Nun ja«, sagte Monk, »das ist nicht ganz unrichtig. Ich würde gerne ein paar Ansichten kennenlernen, die Sie haben von bestimmten Personen ...«

»Private Ansichten?«

»Ja«, nickte Monk, »private Ansichten.«

Sie sah ihn groß an, sagte dann: »Aber Herr Monk, wissen Sie das nicht längst?«

Monk schluckte. »Was meinen Sie?«

»Was ich von Ihnen halte, das wissen Sie doch längst!« Sie lachte herzlich.

»Ich habe doch gemerkt, wie oft Sie mich angesehen haben, auf eine ganz, ganz besondere Weise. Und ich habe immer versucht, Ihnen zu zeigen, daß ich ähnlich empfinde.«

Monk stotterte. »Daß Sie ähnlich empfinden?«

»Ja.«

»Entschuldigen Sie«, sagte Monk hastig. »Ich wollte gern wissen, was Sie von unserem Chef – was halten Sie denn von dem?«

»Herr Monk«, sagte Irene nun mit großer Würde, »ich habe auf dem letzten Betriebsfest zweimal mit Herrn Dinkler getanzt.« Sie machte eine Pause und erklärte dann schlicht: »Er kann Ihnen nicht das Wasser reichen!«

»Ah, da sind Sie ja, Herr Monk!« rief Dinkler, zog Monk herein, schloß die Bürotür, wandte sich ihm zu. Er ging an seinen Schreibtisch, drückte die Mikrofontaste. »Keine Gespräche jetzt, ich möchte nicht gestört werden.«

Er wandte sich wieder Monk zu. »Sie ahnen nicht, wie neugierig ich bin.«

Er umfaßte die Schultern seines Buchhalters. »Setzen Sie sich. Trinken wir was? Ein Glas Sekt vielleicht?«

Monk hob die Hände. »Nein, nein, bitte nicht.« Er hatte seiner Stimme einen ungewohnt festen Klang gegeben.

»Also, Herr Monk. Sie haben Irene eingeladen?«

»Ja, gestern abend.«

»In ein anständiges Lokal, hoffe ich.«

»In ein sehr anständiges Lokal.«

»Sehr gut, Herr Monk, sehr gut. Sie haben mir einen irrsinnigen Gefallen getan. Also …«, er richtete sich auf, »wie sieht die Sache aus?«

Monk kämpfte mit seinem Sprachzentrum, setzte mehrmals an. »Herr Dinkler …«, fand er seine Stimme wieder, »ich möchte kündigen.«

Dinkler sah ihn an, perplex, zutiefst überrascht. »Was möchten Sie?«

»Kündigen! Auf der Stelle, fristlos.«

»Ja, warum denn, um Himmels willen?«

Monk zögerte nur kurz, stieß dann hervor: »Ich habe mich gestern abend mit Fräulein Wegener verlobt.«

Er sprach eilig weiter: »Ich weiß, daß ich nun nicht mehr das Recht habe, auch nur eine Minute länger in diesem Haus zu bleiben. Ich bitte um Entschuldigung«, flüsterte er. »Es handelt sich hier um höhere Gewalt.«

Damit verließ Monk das Zimmer.

Dinkler holte tief Luft, ging ans Telefon.

»Fräulein Wegener aus der Buchhaltung soll mal zu mir kommen.«

Kopfschüttelnd marschierte Dinkler auf und ab, stand erst still, als Irene hereinkam.

Er ging auf sie zu. »Fräulein Wegener«, stieß er hervor. »In der gelösten Stimmung auf unserem Betriebsfest habe ich mich hinreißen lassen und Ihnen auch gerne den Gefallen getan, zu überlegen, wie wir den Burschen aus der Reserve locken können – was uns ja auch großartig gelungen ist.«

Er holte Atem und sagte entrüstet: »Aber ich will doch deswegen nicht meinen besten Buchhalter verlieren!«

Der Trauzeuge

Die beiden jungen Leute traten auf die Straße. Ein junges Mädchen und ein junger Mann. Der junge Mann trug einen dunklen Anzug, das junge Mädchen ein hübsches Kleid und einen Strauß Blumen, blaßrote Rosen.

»Wo bleibt denn nun deine Tante?« fragte Henk, der junge Mann.

»Ich weiß es nicht. Sie hatte versprochen, ganz pünktlich zu sein«, sagte Lotte, das junge Mädchen.

»Aber sie ist es nicht!« murrte Henk.

Und ärgerlich fuhr er fort: »Jetzt fehlt uns ein Trauzeuge, Lotte!«

»Deiner ist ja auch noch nicht da.«

»Der ist da. Darauf kannst du dich verlassen. Mein Onkel wollte gleich zum Rathaus, und dort wird er auch sein.«

Lotte bat: »Warten wir noch fünf Minuten.«

Ärgerlich antwortete der junge Mann: »Das geht nicht. Man kann doch eine Trauung nicht verschieben.«

Henk war verdrossen, ziemlich wütend. Das junge Mädchen schaute ein wenig bedrückt drein und meinte dann zaghaft: »Können wir denn nicht einen anderen Trauzeugen nehmen?«

Er starrte sie an: »Einen anderen?«

»Ist es nicht egal, wen wir mitbringen?«

»Egal, egal …?« Der Bräutigam schnaubte ärgerlich. »Ich

kann mir doch nicht einfach einen Trauzeugen von der Straße besorgen!«

Da kam aus dem Nebenhaus ein junger Mann. Er schob ein Fahrrad neben sich her, eine Aktentasche auf dem Gepäckträger.

»Frag doch mal den da ...!«

Henk zögerte und sagte dann: »Verzeihen Sie bitte. Hätten Sie vielleicht eine gute halbe Stunde Zeit – und haben Sie zufälligerweise einen Personalausweis bei sich?«

Der Radfahrer schaute ein wenig verdutzt drein.

Henk lächelte unglücklich. »Uns ist nämlich ein Trauzeuge ausgefallen, und wir sind in Zeitnot.«

Er schaute erneut auf seine Uhr. »Würden Sie uns da aushelfen?«

»Ich Ihnen aushelfen?«

Der Radfahrer sah von einem zum anderen.

Das junge Mädchen lächelte hilfesuchend. »Wenn Sie uns den Gefallen tun wollten ...«

»Einen Trauzeugen soll ich machen?« Der Radfahrer stand immer noch ein wenig verdutzt da. »Was macht man denn da?«

Henk erklärte hastig: »Ein Trauzeuge macht nichts Besonderes. Seine Aufgabe besteht darin, als – als juristische Person anwesend zu sein. Er muß seinen Ausweis vorlegen und unterschreiben. Also keine große Sache.«

»Na, hören Sie mal«, sagte der Radfahrer, »ich bin doch Zeuge, wie das Wort sagt, man bezeugt doch was.«

Etwas ungeduldig erwiderte Henk: »Man bezeugt den Vorgang als solchen.«

»Ja, aber übernimmt man da nicht Verantwortung?«

»Was für eine Verantwortung?«

Henk wurde nervös und sagte: »Sie haben nicht die geringste Verantwortung. Können Sie Ihr Rad hier stehenlassen und zu uns in den Wagen steigen?«

»Jaja«, murmelte der Radfahrer, »ich helfe Ihnen gerne aus der Verlegenheit. Das Rad kann ich hier stehenlassen.«

»Sie haben doch Ihren Ausweis bei sich?«

Der Radfahrer suchte in seinen Taschen herum und zog einen etwas verschlissenen Personalausweis hervor.

»Ist er noch gültig?« fragte Henk.

»Bis zweiundachtzig ...«, versicherte der Radfahrer, streckte plötzlich seine Hand vor und sagte: »Ich heiße Schumann.«

Nun stellte auch Henk sich vor, lächelte, war ganz erleichtert. »Jetzt müssen wir aber los. Höchste Eisenbahn!«

Er schloß seinen Wagen auf, Lotte stieg ein. Schumann nahm hinten Platz.

Henk fuhr los, beeilte sich, durch den Verkehr zu kommen. Da beugte Schumann sich plötzlich vor. »Bin ich denn richtig angezogen?«

»Danach guckt keiner«, beruhigte ihn Henk.

»Aber irgendwie ist es doch ein besonderer Augenblick im Leben – in Ihrem Leben«, korrigierte sich Schumann. »Ich hätte vielleicht eine Krawatte anlegen sollen.«

»Ich sage Ihnen doch, es spielt keine Rolle ...«

Schumann lächelte schwach, schüttelte ein wenig eigensinnig den Kopf. »Das sehe ich nicht so. Ein wichtiger Augenblick. Eine Ehe wird geschlossen. Eine Unterschrift geleistet. Garantiere ich da nicht etwas?«

»Sie?« wunderte sich Henk.

»Ja, ich!«

»Was wollen Sie denn garantieren?«

»Nun, daß …«, er zögerte, suchte offensichtlich nach Worten, »daß mit Ihnen alles in Ordnung ist.«

Henk trat vor Überraschung fast auf die Bremse. »Daß mit mir alles in Ordnung ist?« wiederholte er verblüfft den Satz.

»Ich meine, nun ja, charakterlich …«, fuhr Schumann fort. »Muß ich als Zeuge dafür nicht geradestehen?«

»Also, jetzt hören Sie mal zu …«, erboste sich Henk, aber Schumann unterbrach ihn und hob beschwichtigend beide Hände.

»Ich verstehe Ihren Ärger, aber bedenken Sie doch bitte, daß Sie mir völlig unbekannt sind.« Fast flehend bat er: »Ein paar Bemerkungen vielleicht über sich selbst, damit ich etwas beruhigt bin.«

Ärgerlich warf Henk Lotte einen Blick zu und rief: »Ich habe gar nicht die Absicht, Sie zu beruhigen.«

Schumann nickte ein wenig besorgt: »Das sagt mir schon etwas …« Er hob die Schultern. »Leider nichts Gutes. Sie verlieren leicht Ihre Fassung, neigen zum Jähzorn …«

Da zog Henk scharf die Luft ein. »Und wenn es so wäre, es geht Sie nichts an!«

»Sagen Sie das nicht«, murmelte Schumann. »Es wäre jedenfalls keine gute Voraussetzung für eine Ehe. Bitte verstehen Sie, ich sehe das alles unter dem Gesichtspunkt eines Mannes, der eine Unterschrift leisten muß. Ich bitte, mir nachzusehen, wenn ich in diesem Punkt ein wenig hartnäckig bin.«

»Und du sagst dazu gar nichts?« wandte sich Henk aufgebracht an Lotte.

Lotte sagte: »Ich finde, es ist sein Recht, Fragen zu stellen.«

Im Rathaus wartete schon Henks Onkel. Henk wandte sich gleich an ihn: »Schön, daß wenigstens du da bist. Lottes Trauzeuge ist nicht gekommen, wir mußten einen von der Straße mitbringen. Wann sind wir dran?«

»Ihr seid die nächsten«, sagte der Onkel.

Schumann nickte erleichtert.

»Dann haben wir ja noch Zeit«, sagte er zu Henk. »Dann können wir uns ja noch unterhalten.«

»Worüber wollen Sie sich denn noch mit mir unterhalten?« fragte Henk ärgerlich.

»Ein paar Fragen nur«, beschwichtigte ihn Schumann und lächelte versöhnlich. »Damit ich ganz sicher bin, wenn ich unterschreibe.«

»Was wollen Sie denn noch?« schrie Henk den Radfahrer an.

»Ein paar Minuten«, beteuerte Schumann. »Sie werden sehen, ich bin ganz leicht zufriedenzustellen.«

Henk folgte Schumann, nachdem er Lotte ärgerlich zugeflüstert hatte: »Der macht mich noch völlig wahnsinnig.«

»Wissen Sie …«, meinte Schumann dann, »Sie sind mir ja ganz sympathisch, aber Sympathie reicht da sicher nicht aus. Lassen Sie mich fragen: Was erwarten Sie von der Ehe?«

»Was ich von ihr erwarte?« erwiderte Henk verdutzt.

»Sie können es nicht eine alberne Fragen nennen«, sagte Schumann ein wenig flehend. »Ich selbst bin nicht verheiratet, unter anderem deswegen, weil ich mir diese Frage nicht ausreichend beantworten konnte.«

»Was erwartet man von einer Ehe …?« Henk zuckte mit den Schultern.

»Schlecht, schlecht«, meinte Schumann. »Sie haben darüber noch nicht nachgedacht?«

»Muß ich jetzt und hier eine solche Frage beantworten?« sagte Henk und blickte hilfesuchend in Lottes Richtung.

Aber Lotte, die ein wenig abseits stand, meinte nur lakonisch: »Die Frage ist doch ganz interessant.«

»Was erwartet man …?« murmelte Henk erneut. »Ein vernünftiges Eheleben!« Er sah Schumann dabei ein wenig unsicher an.

»Was ist das – ein vernünftiges Eheleben?« ließ Schumann nun nicht mehr locker. »Jeder hält etwas anderes für vernünftig, meistens nennt er das vernünftig, worin er seinen Vorteil sieht. Worin sehen Sie Ihren Vorteil …?«

Henk beherrschte sich nur noch mühsam: »Herrgott noch mal, jeder hat seinen Vorteil, sie hat ihren, ich habe meinen!«

Schumann schüttelte zweifelnd seinen Kopf.

»Mich irritiert etwas …«, sagte er dann. »Entschuldigen Sie bitte, mich irritiert, daß das Wort Liebe noch nicht gefallen ist.«

Henk wurde jetzt ärgerlich. »Liebe versteht sich doch von selbst!«

Aber Schumann hob die Hände, sagte fast beschwörend: »Sagen Sie das nicht. Ich glaube, daß Liebe etwas ist, was sich am wenigsten von selbst versteht. Dazu ist mein persönlicher Respekt vor diesem Wort zu groß.«

»Respekt vor Liebe?!« rief Henk verdutzt.

»Liebe …«, sagte Schumann, »ist eine Sache, die sich am schnellsten verbraucht, es sei denn, man hat Respekt davor.« Besorgt setzte er hinzu und sah Henk dabei eindringlich an: »Diesen Respekt haben Sie nicht.«

»Meine Güte«, rief Henk, »ich habe Sie hier als Trauzeugen, nicht als Philosophen.«

Ein Beamter erschien im Raum. »Das nächste Paar, bitte!«

»Na, los dann!« sagte Henk und griff nach Lottes Arm.

Aber Schumann rührte sich nicht von der Stelle, hob entschuldigend die Hände.

»Verzeihen Sie bitte, es tut mir leid, aber – ich kann da nicht unterschreiben, nicht ein solches Liebesdokument.«

Er lächelte: »Schade, ich wäre Ihnen gern zu Diensten gewesen.«

Er verbeugte sich höflich, fast schüchtern, anscheinend selbst ein wenig betroffen, und verschwand.

Am Tag danach kam Schumann mit seinem Fahrrad aus der Toreinfahrt gebraust. Von der Straße her ging Lotte auf ihn zu, lachte ihn an und umarmte ihn.

»Ich danke dir, Erich. Das hat ja alles wunderbar geklappt!«

Schumann lachte nun auch.

»Du«, sagte er, »das war aber wirklich im letzten Moment.«

Er stieg auf sein Rad.

»Überleg es dir das nächste Mal gefälligst vorher!«

»Mach ich, Erich!« versprach Lotte und winkte Schumann fröhlich nach.

Malen in Irland

Ein Spielkasino.

Grellrotes Licht fiel auf das blitzende Blech der Autos, die vor dem Kasino geparkt waren, und erzeugte dort Reflexe. Ein roter Läufer führte in das strahlend helle Innere des Spielpalastes.

Plötzlich kam ein Radfahrer, ein älterer Mann, hielt vor dem Kasino. Er lehnte das Rad an die Hauswand, entfernte die Fahrradklammern von seinen Hosenbeinen. Dann holte er eine Fliege aus der Tasche, band sie um, steckte ein weißes Taschentuch in die Brusttasche, fuhr sich noch einmal über die Haare und ging dann auf das Kasino zu.

Er betrat den Empfang des Kasinos. Ein Angestellter wandte sich ihm zu. »Guten Abend, Herr Becker. Ist es wieder soweit? Haben wir wieder den Ersten?«

»Ja, seit heute morgen«, sagte Oskar Becker und wandte sich an die Kasse, wechselte dort hundert Mark in Chips.

Auch der Kassierer begrüßte Oskar freundlich.

»Haben wir mal wieder den Ersten?« fragte er.

Und wieder antwortete Oskar trocken: »Seit heute morgen.«

Man kannte Oskar, weil er immer am Ersten erschien, kurz nachdem er seine Rente ausgezahlt bekommen hatte.

Mit einem genau kalkulierten Teil davon versuchte er regelmäßig, im Kasino sein Glück zu machen.

Oskar betrat den Innenraum, genoß für einen Augenblick das Bild, das sich ihm bot. Der weiche Boden, die stoffbespannten roten Wände, die Lüster, die Wandlampen, eine Flut von Licht, sich angenehm widerspiegelnd.

Die Tische waren umlagert von gut gekleideten Damen und Herren, besonders die Damen wußten, was sie diesem Ort schuldig waren: Eleganz.

Oskar atmete auf, suchte dann an einem der Tische einen freien Platz.

Der Oberaufseher begrüßte Oskar ebenfalls. »Guten Abend, Herr Becker.«

»Guten Abend«, grüßte Oskar zurück, »meine Zahlen schon drangewesen?«

»Nein, noch nicht.«

Eine Auskunft, die Oskar beruhigte.

Neben ihm saß eine Dame, die auch nicht mehr die Jüngste war, aber dennoch von angenehmem Äußeren. Und elegant. Da blitzte es von Seide und Schmuck.

Oskar schichtete seine wenigen Chips vor sich auf, sah, daß die Dame neben ihm auf einem Block die Zahlen mitgeschrieben hatte, bat: »Erlauben Sie mal einen Blick?«

Oskar überflog den Block mit den Zahlen, murmelte: »Hm, hm, hm.«

»Etwas nicht in Ordnung?« fragte die Dame neben ihm.

»Alles in Ordnung, meine Dame«, erwiderte Oskar, »meine Zahlen waren in der Tat noch nicht da.«

»Sie haben bestimmte Zahlen?«

»Sie nicht?« gab Oskar trocken zurück.

»Ich spiele nach Gefühl«, meinte die Dame.

Oskar zuckte mit den Schultern, sagte lakonisch: »Auch

nicht schlecht, wenngleich ich meine, daß diesem Spiel überhaupt nicht beizukommen ist, weder mit Gefühl noch mit System.«

Er setzte einen Chip.

»Wenn Sie diese Ansicht haben ...«, sagte die Dame, »warum spielen Sie dann?«

»Um meine Chancen nicht zu vernachlässigen.«

Sie sah ihn überrascht an. »Das haben Sie hübsch gesagt.«

Das Spiel lief weiter, auch die Dame – sie hieß Marga – setzte ihre Chips. Die erste Zahl kam.

Kopfschütteln bei Oskar, dessen Chip gnadenlos vom Croupier eingezogen wurde.

»Und warum spielen Sie?« fragte er.

»Weil es spannend ist«, sagte Marga, »es vertreibt die Langeweile.«

»Aha«, meinte Oskar.

»Wieso ›aha‹?«

»Weil ich mir das gedacht habe. Daß Sie Langeweile haben.«

»Sieht man mir das an?« fragte sie überrascht.

»Ja«, meinte Oskar. »Entschuldigen Sie, das Gespräch wird zu persönlich.«

»Ich habe keine Angst davor«, erwiderte Marga.

»Aber es stört mich beim Spielen«, erklärte Oskar trocken.

Sie spielten weiter, setzten, verloren.

»Sagen Sie mal ...« Oskar hob den Kopf. »Spielen Sie immer so? Rot, Schwarz, Schwarz, Rot?«

»Ja«, sagte Marga, »ich finde, das Risiko ist dadurch berechenbarer. Sie gehen auf Zahl und werden alles verlieren.«

Etwas ärgerlich nickte Oskar. »Ich gehe immer auf Zahl,

das ist wahr. Wissen Sie, wenn ich gewinne, will ich nicht ein bißchen gewinnen, sondern viel.« Er fügte nüchtern hinzu: »Das habe ich gemeint, als ich sagte, ich spiele, um meine Chancen nicht zu vernachlässigen.«

»Und ich vernachlässige sie?« fragte sie erstaunt.

»Sie nehmen sie nicht ernst.«

Er hob den Blick. »Sie stehen allein?«

»Ja.«

»Witwe?«

»Ja.«

Sie lachte, zeigte auf den Spieltisch. »Sie haben Zahl gesetzt und verloren. Ich habe gewonnen.«

Er murmelte: »Ja, Ihr Huhn hat ein kleines Ei gelegt.«

Plötzlich sagte sie: »Trinken Sie ein Glas Champagner mit mir?« Sie winkte schon dem Kellner und lächelte. »Ich kann's mir leisten, mit meiner Art Rot und Schwarz zu spielen.«

»Ich sehe, ich habe Sie gekränkt«, sagte er, »das wollte ich nicht. Ich betreibe das Spiel nicht wie ein Geschäft oder aus Langeweile. Es hat etwas zu tun – mit Träumen.«

»Träumen?« wunderte sie sich.

»Sie können das wahrscheinlich nicht verstehen. Sehen Sie ...«, er berührte seine Chips, schob sie zurecht, »das hier ist ein Teil meiner Rente. Einen Teil davon riskiere ich jedesmal ...«

Sie sah ihn aufmerksam an.

»An jedem Ersten bin ich hier und riskier's, probier's, versuch's – ob ich es schaffe, ob es klappt. Hier sind schon Leute rausgegangen mit Tausenden, Zehntausenden ...«

»Tausende, Zehntausende?« hakte sie nach.

»Ich würde mir dann einen Campingbus kaufen und losfahren …«

»Wohin denn fahren?«

»Durch die Welt fahren und sie mir ansehen.«

»Die Welt ansehen?«

»Wenigstens Europa, von Spanien bis Irland.«

»Warum Irland?«

»Zum Fischen. Vielleicht fange ich auch an, Bilder zu malen.«

»Können Sie denn malen?«

Er zuckte mit den Schultern. »Ich weiß es nicht. Es gibt ein paar Sachen, die ich noch nicht erforscht habe.« Er sah sie offen an. »Wissen Sie schon alles über sich?«

»Nein, nein«, meinte sie.

Inzwischen war der Champagner gekommen. Sie tranken, prosteten sich zu.

Dann setzte sich Marga.

Er staunte sie an. »Jetzt setzen Sie ja auf Zahl.« Er atmete auf. »Jetzt hören Sie mal zu. Ich will Sie nicht verleitet haben, von Ihrer bewährten Methode abzugehen. Nehmen Sie den Chip da weg.«

»Da liegt er, und da bleibt er«, sagte sie fest.

»Seine Sie doch nicht widerspenstig«, rief er ärgerlich, »Sie liegen da mit dem Höchsteinsatz!«

»Wie hoch ist denn der?«

»Das wissen Sie nicht mal?« wunderte er sich.

»Was liegt, liegt«, sagte sie störrisch.

Die Kugel rollte in den Stillstand.

Der Croupier verkündete: »Siebzehn, schwarz, ungerade.«

Oskar zog scharf seinen Atem ein.

»Was bedeutet das?« flüsterte Marga.

»Was das bedeutet? Sie haben gewonnen. Sie sind rausgekommen mit dem Fünfunddreißigfachen. Jetzt hören Sie aber sofort auf.«

Sie ließ den Höchsteinsatz auf der Zahl stehen.

»Wieso aufhören?« lachte sie. »Soll ich anfangen, meine Chancen schlecht zu behandeln?«

Marga hatte sich aufgerichtet, ihre Augen leuchteten, sie setzte auf Zahl, besetzte dazu noch die Ränder.

Aller Blicke waren auf sie gerichtet. Von anderen Tischen kamen Spieler herüber. Sie alle wußten: Da passierte jetzt etwas. Da hatte es jemanden getroffen. Die Glücksgöttin hatte jemanden mit dem Finger berührt, hatte gesagt: Diese da. Die Chips stapelten sich vor Marga, sie schichtete lauter kleine Türme auf, und es wurden immer mehr.

Strahlend wandte sie sich ihrem Nachbarn zu.

Aber der Stuhl neben ihr war leer.

Sie stand auf.

Der Chefcroupier sah ihren Blick.

»Wenn Sie den Herrn suchen, der neben Ihnen saß – der ist gegangen.«

Oskar stand am Herd, hatte sich eine Schürze umgebunden war und dabei, Bratkartoffeln zu machen. Er goß gerade ein gequirltes Ei über das Ganze. Es duftete angenehm.

Da klingelte es.

»Es ist nicht abgeschlossen«, rief Oskar.

Er rührte in der Pfanne herum, schaute zur Tür. Marga kam herein. Sie trug ein hübsches Kostüm, sah schlank, gut und fröhlich aus.

»Sie …?« stieß Oskar verblüfft hervor.

»Guten Tag, Herr Becker.«

»Sie kennen meinen Namen?«

»Es war nicht schwer festzustellen, wer Sie sind und wo Sie wohnen. Sie sind bekannt im Kasino.«

»Ja, das ist richtig.«

»Was gibt es denn bei Ihnen?« wollte sie wissen.

»Sehen Sie das nicht? Bratkartoffeln.« Er lachte plötzlich. »Ich kann mich für den Champagner revanchieren. Oder mögen Sie keine Bratkartoffeln?«

»Ich esse alles«, sagte sie mutig, »auch Bratkartoffeln«, und sie fragte weiter: »Sie sind Witwer?«

Er lachte. »Ich kann wahrscheinlich nicht verhindern, daß man es sieht. Die Unordnung meinen Sie sicher.« Er seufzte. »Ein lebenslanger Krieg, den ich da führe – warum besuchen Sie mich?«

»Sie haben mir Glück gebracht.«

»Sehen Sie es so?« sagte er.

»Sie haben mich dazu gebracht, wieder an meine Chancen zu glauben. Wissen Sie, ich dachte schon, ich hätte keine mehr.«

Sie lächelte. »Setzte immer nur Schwarz und Rot, auch im Leben ging ich immer nur auf die einfache Chance.«

»Nun haben Sie ja gesehen, daß das verkehrt ist.«

»Sie sind nicht neidisch?«

Er hob fast erschrocken den Kopf. »Wie kommen Sie denn darauf?«

»Sie waren plötzlich verschwunden.«

»Hm …«, meinte er, »sagen wir so: Ein bißchen weh hat's schon getan zu sehen, wie jemand den Apfel vom Baum pflückt, nach dem man seit zwei Jahren vergeblich die Hand ausstreckt.«

»Was sagen Sie zu einer Provision?«

»Auf Glück gibt's keine Prozente«, erklärte Oskar.

»Aber ich will Ihnen etwas schenken. Kommen Sie mal mit hinaus?«

Draußen stand ein funkelnagelneues Wohnmobil.

Oskar starrte es an.

Sie sagte: »Es gehört Ihnen. Ich schenke es Ihnen.«

»Was, was ...?« stotterte er.

»Unter einer Bedingung: Daß Sie mich mitnehmen, nach Spanien, nach Irland. Ich möchte auch versuchen, ob ich malen kann. Oder sonst irgendwas.«

Mit den Kindern ans Wasser

Was für ein Sommertag!

Und alle Welt genoß ihn. Der Fluß, eingebettet zwischen Wald und Wiese, ein breites Bett, kieselgefüllt, mit von der Sonne gebleichten Steinen. Der Wasserlauf selbst flach, aber schnell strömend, Gebirgswasser, das seine Frische noch nicht verloren hatte.

Überall lagerte man. Zu zweit, zu dritt, ganze Familien lagerten am Ufer oder im Flußbett selbst, kleine Grillöfen dampften, Kinder wateten im Wasser, man blies Bälle auf und Gummiboote, und in der Luft lag ein Geräusch, das sich zusammensetzte aus lauter fröhlichen Stimmen zu einer Gesamtfröhlichkeit, die man viel zu selten hört.

Den Weg herunter radelte eine junge Frau, gefolgt von drei Kindern auf kleinen Rädern, irgendwie glichen sie Entenkindern im Kielwasser ihrer Mutter.

Am Fluß stiegen sie von den Rädern, lehnten sie an einen Baum.

Der Brückenwirt hatte ein paar Tische hinausgestellt, direkt an den Hang des Ufers.

»So«, sagte die Mutter, »hier sind wir jetzt. Zieht euch aus und geht ans Wasser. Oder wollt ihr noch etwas trinken?«

Die junge Frau war hübsch, das Gesicht eingerahmt von braunen Haaren, die ihr in die Stirn fielen und die sie oft mit der Hand zurückstrich. Sie hatte braune Augen, einen vollen roten Mund, sanft geschwungen, wie alles an ihr sanft geschwungen war.

Die Stirn war ein wenig feucht, kein Wunder bei dieser Sommerhitze.

Die Kinder bekamen zu trinken, zogen sich dabei schon aus, wurden mit Sonnenöl eingerieben und liefen ans Wasser, wo sie ihr fröhliches Geschrei mit dem fröhlichen Gesamtgeschrei vermischten. Die junge Frau setzte sich auf den Gartenstuhl und wartete.

Nicht weit entfernt hatte ein kleiner Wagen gehalten. Im Wagen saß ein junges Mädchen am Steuer, neben ihr ein junger Mann, ein ruhiger Typ, etwas verhalten, aber mit einer Verhaltenheit, die aus einer gewissen Abwehr entsteht. Nervosität, die sich manchmal so tarnt, kombiniert mit einer Art von trauriger Ergebenheit.

Das Mädchen sagte: »Die da?«

Und der junge Mann sagte: »Ja, die da.«

»Die da am Tisch sitzt?«

»Ja, die da am Tisch sitzt …«

Das Mädchen wandte sich dem jungen Mann zu, hatte die Stimme erhoben: »Und bringt die Kinder mit?«

»Anscheinend«, murmelte er, »ich hatte sie gebeten: Bring nicht die Kinder mit.« Er setzte matt hinzu: »Nun hat sie sie doch mitgebracht.«

»Wenn Sie sich mal dabei nichts gedacht hat«, sagte das junge Mädchen etwas ungeduldig und frostig.

Sie öffnete die Wagentür, stieg aus. »Ich geh dann ein wenig spazieren.«

»Ja, tu das«, sagte er.

»Eine halbe Stunde reicht?« fragte sie.

»Ja, die wird reichen. Natürlich reicht die«, erwiderte der junge Mann und stieg aus.

Der junge Mann räusperte sich, ging langsam durch die Schattenspiele des Sonnenlichts, wurde etwas kurzatmig und blieb noch einmal stehen, um kräftig durchzuatmen.

Die junge Frau sah ihm entgegen.

»Hallo, Marianne«, sagt er.

»Da bist du ja, Ingo«, murmelte die junge Frau.

Die Kinder spielten am Wasser, und das kleine Mädchen sah den Vater, rief: »Da ist ja Vati!« Sie stieg aus dem kalten Wasser und lief über das Kieselbett hinweg, ihre beiden Geschwister segelten hinterher, mit ausgebreiteten Armen, um auf den Steinen das Gleichgewicht zu halten.

Die drei Kinder umarmten ihren Vater, ließen sich streicheln, küssen, hochheben und überschütteten ihn mit Fragen: »Kommst du auch? Hast du eine Badehose mit? Bleibst du bei uns?«

Ingo hatte es schwer, sie wieder ans Wasser zu schicken. Dann atmete er tief ein. »Ich habe dich ausdrücklich gebeten, bring die Kinder nicht mit.«

»Wo sollte ich sie denn lassen? Ich dachte, wir schicken sie ans Wasser, zum Baden, zum Spielen. Dann haben wir genug Zeit für uns.«

»Gut, gut«, erwiderte Ingo. »Du mußt verstehen. Die Kinder – irritieren mich natürlich.

»Tut mir leid«, sagte Marianne, »aber ich wollte sie an einem so schönen Tag nicht zu Hause lassen.«

»Ja, das ist wahr«, murmelte Ingo, »der Tag ist wirklich besonders schön.«

»So warm schon am frühen Morgen.«

»Ja, angenehm«, sagte er.

Ein Kellner, schon ziemlich erschöpft von seiner Tätigkeit, kam an den Tisch, begnügte sich mit einem wortlosen Blick.

»Ich kriege ein Bier«, sagte Ingo.

»Bestell lieber einen Schnaps ...«, empfahl ihm Marianne.

Fast erleichtert nickte Ingo. »Ja, einen Schnaps, einen klaren, einen großen.«

Dann ging der Kellner weg, und sie saßen allein am Tisch. Schweigen stellte sich ein und eine kleine Atemlosigkeit.

Marianne sagte: »Du siehst blaß aus.«

»Ja, ich habe in der letzten Zeit nicht gut geschlafen.«

»Ich hab's mir gedacht. Ich dachte, er schläft sicher nicht gut.«

»J, das stimmt.«

Sie sahen eine Weile vor sich hin, bis sie den Blick hob. »Ist sie mitgekommen?«

»Ja, sie ist – spazierengegangen.«

»Ist das ihr Wagen dahinten?«

»Ja, das ist er.«

»Du willst sie mir nicht vorstellen?«

Fast erschrocken sah er auf.

»Hätte mich doch interessiert. Aber vielleicht hast du ein Bild da?«

Etwas widerstrebend nickte er. »Ja, ich habe eins.«

»Kann ich es mal sehen?« beharrte sie.

Unsicher zog er eine Brieftasche hervor, nahm ein Foto heraus.

»Wir sind nicht mehr drin?« fragte sie.

»Natürlich nicht«, sagte er ärgerlich und schluckte dabei ein wenig, hatte das Gefühl, sich entschuldigen zu müssen. »Ich kann die Bilder doch nicht – nicht zusammenlegen.«

Sie sah ihn aufmerksam an, betrachtete dann das Foto des jungen Mädchens.

»Sie ist sehr hübsch.«

»Jaja«, murmelte er, »das ist sie und – besonders gut getroffen, auf – auf diesem Foto da.«

»Hast *du* das Foto gemacht?«

»Nein, nein, das hat ein Freund von ihr gemacht, ein früherer Freund.«

»Wandert das jetzt von einem zum anderen?«

Ärgerlich steckte er das Foto wieder ein. »Ich hätte es dir nicht zeigen sollen.«

»Wieso?« widersprach sie. »Ich finde es ganz interessant.« Lebhafter fuhr sie fort: »Sie ist der andere Typ – mein Gegentyp. Ich habe neulich gelesen, daß jeder Mensch sich in der Liebe eine Alternative läßt. Hat er braun, will er blond, hat er einen ruhigen Typ, will er einen lebhaften, hat er einen ernsten, will er einen lustigen ...«

»Davon habe ich noch nichts gehört.«

»Ist natürlich nur eine Theorie, aber irgendwie klang sie ganz wissenschaftlich ...« Sie lachte plötzlich. »Vielleicht kann ich mich damit trösten. Es hilft vielleicht, etwas zu verstehen, was man sonst nicht verstehen kann ...«

Er sah sie nervös an. »Du wirst doch jetzt nicht anfangen ...?« Er brach ab.

»Na ...?«

»Du wirst doch jetzt nicht dramatisch?«

»Hast du davor Angst?«

»Natürlich habe ich davor Angst«, sagte er und atmete auf, »eine Scheißangst.«

»Armer Ingo«, sagte sie.

»Ich habe geradezu gebetet: Hoffentlich ist sie vernünftig.«

Sie schwieg eine Weile, hatte ihn im Blick und sagte dann: »Ich bin ja vernünftig.« Sie lachte wieder. »Wofür so ein Wort herhalten muß.«

Die Kinder hatten sich an die Kälte des Wassers gewöhnt und wagten sich tiefer ins Wasser, das zerrte und riß, sie bildeten eine Kette, lachten und schrien.

Am Tisch saßen Ingo und Marianne.

Er hatte einen Zettel mit Zahlen bedeckt. Er sah sie eindringlich an, beteuerte: »Und das halte ich auch ein. Du wirst keine Sorgen haben müssen.«

Sie sagte nichts.

»Hast du dir mehr vorgestellt?« fragte er besorgt. »Ich habe gedacht, du würdest bemerken, wie – wie großzügig ich diese Dinge regeln möchte.«

»Schon gut«, murmelte sie.

Er sah auf die Uhr.

»Wieviel Zeit hat sie dir gegeben?«

»Eine halbe Stunde.«

»Hat doch hoffentlich nicht länger gedauert?« fragte sie.

»Nein, nein«, sagte er hastig, stand auf. Auch sie stand auf, sah ihn an, beugte sich plötzlich vor und küßte ihn leicht.

Er starrte sie an.

»Immerhin«, sagte sie, »elf Jahre.«

Das Mädchen saß schon im Wagen. Er stieg ein, und sie fuhren gleich los.

Erst nach einer Weile fragte sie: »War es schlimm?«

»Nein, nein, sie war ganz gelassen.« Er lachte auf. »Sie wollte sogar ein Bild von dir sehen.«

»Hast du es ihr gezeigt?«

»Ja, warum nicht?«

»Was hat sie gesagt?«

»Du hast ihr gefallen. Sie sagt, du seist eine wirklich hübsche Person. Du seist ihr Gegentyp.«

Das Mädchen war mißtrauisch. »Was wollte sie damit sagen?«

Er lachte. »Es gibt da offenbar so eine wissenschaftliche Theorie, daß Männer in der Liebe sich immer eine Alternative aufbauen.«

Sie beharrte ärgerlich: »Ich sehe den Sinn darin nicht. Dabei hat sie sich doch was gedacht.«

»Ganz bestimmt sogar.« Und spontan fuhr er fort: »Dumm ist sie nicht.«

»So …«, sagte das Mädchen, »dumm ist sie nicht. Bin ich vielleicht die Alternative dazu?«

Ein Rettungswagen kam ihnen entgegen, brauste mit Blaulicht und Sirene an ihnen vorbei. Sie mußten halten.

Neben ihnen hielt ein Motorradfahrer, der seinen Helm aufsetzte und Ingos Blick auf sich gerichtet sah. »Da unten am Fluß soll ein Kind ertrunken sein.«

Das Mädchen fuhr an, aber Ingo rief: »Halt mal. Hast du gehört? Unten am Fluß soll ein Kind ertrunken sein.«

Sie starrte ihn an. »In *dem* Wasser? Da kann man doch stehen. Du glaubst doch nicht etwa …?«

Sie sprach nicht weiter.

»Es kann eins von meinen Kindern sein. Kehr um.«

Langsam sagte sie: »Ich denke nicht daran. Da waren Hunderte von Kindern.«

Wortlos stieg er aus.

Sie fuhren zu fünft nach Hause.

Allen voran radelte Marianne, ihre Haare wehten, sie hielt den Kopf hoch und genoß den Sommerwind, dann folgten die Kinder, Ingo fuhr am Ende. Er hatte sich vom Wirt ein Rad geliehen, ein altes, verrostetes Ding, das sich schwer treten ließ und bei jeder Umdrehung ächzte und quietschte.

Aber warum, dachte er, soll man es nicht manchmal schwer haben? Auch diese Zeiten gibt es.

Emanzipation

Frau Doktor Barbara Theis ging auf das große Schulgebäude zu. Es lag inmitten eines alten Parkgeländes, zeigte auf seinen Mauern Jahrhundertpatina und enthielt eine altbekannte, traditionsreiche Internatsschule für Knaben.

Frau Doktor Theis trat ihren Dienst an.

In der Schule begegnete ihr ein jüngerer Lehrer, er hielt spontan im Schritt inne und zeigte eine gewisse Überraschung.

Barbara stellte sich vor.

»Aha, die neue Kollegin«, sagte der Lehrer. »Mein Name ist Schöne, Sport und Spiel und ein bißchen Religion, wenn der Pfarrer krank ist.« Und neugierig fügte er hinzu: »Also so sehen Sie aus.«

»Ist es wichtig, wie ich aussehe?« fragte Barbara ein wenig verblüfft.

»Entschuldigen Sie, mich interessiert nur, wie – wie standfest Sie sind.« Er lachte ein wenig. »Eine Jungenschule. Wir hatten noch nie eine weibliche Lehrkraft.«

»Noch nie?«

»Noch nie. Diese Schule existiert seit achtzehnhundertelf. Das war mal eine Kadettenanstalt.«

»Aber sie ist es doch hoffentlich nicht geblieben?«

»Nein, aber gewisse Traditionen haben sich erhalten.« Er lachte unsicher. »Selbst die Mütter von Schülern kommen nicht weiter als bis zum Besuchszimmer. Und das ist gleich am Eingang.«

»Ich bin also ein absolutes Novum hier?«

»Ja.« Herr Schöne lächelte höflich. »Natürlich ein reizendes, wenn ich mir diese an diesem Ort ganz unpassende Bemerkung erlauben darf.«

Er entfernte sich, und Barbara betrat das Lehrerzimmer, wo der Direktor Doktor Beckenbach sie etwas bekümmert erwartete.

Er holte Atem. »Ich muß Ihnen noch etwas sagen, verehrte Kollegin«, begann er.

»Ich habe schon gehört«, nahm Barbara ihm das Wort ab. »Diese Schule war früher eine Kadettenanstalt, und anscheinend ist sie es auch geblieben.«

»Sagen wir so«, der Direktor räusperte sich,»gewisse Traditionen sind sehr lebendig geblieben. Die Attitüde ist sehr männlich.«

»Maskulin, meinen Sie.«

Der Direktor war ein wenig verdutzt, nickte schließlich. »Nennen Sie es, wie Sie wollen. Die Oberstufe, die Sie bekommen, hat den Teufel im Leib.«

»Hm«, meinte Barbara und fügte hinzu: »Ich auch.«

Frau Doktor Barbara Theis betrat die Klasse. Sie sah fünfzehn junge Männer, alle achtzehn bis neunzehn Jahre alt. Sie standen herum, redeten miteinander – und nahmen keine Notiz von der Lehrerin. Aha, dachte Barbara, bewegte sich durch die Gruppen der Jungen hindurch, ohne irgendeine Reaktion zu bemerken. Sie war Luft für die jungen Leute.

Hm, dachte Barbara, faßte dann einen Schüler ins Auge,

der ihr ein Anführer zu sein schien. Sie holte kräftig aus – und gab ihm eine Ohrfeige.

Der Junge war völlig perplex. »Sie schlagen mich?«

Barbara schüttelte den Kopf. »Ich kann Sie gar nicht geschlagen haben, da ich ja nicht hier bin. Oder bin ich hier? Und wenn ich für Sie nun doch hier bin, habe ich Sie jetzt aus dem Konzept gebracht? So leicht geht das?«

Alle hatten sich ihr zugewandt.

»Was für ein Konzept hatten Sie denn? So zu tun, als sei ich nicht da? Mehr ist Ihnen nicht eingefallen?«

Schweigen bei den jungen Leuten.

»Also – Geschichte. Wir nehmen das Jahr achtzehnhundertelf durch. Denn dort sind Sie offenbar stehengeblieben.«

Schweigen. »Aber zunächst möchte ich Sie kennenlernen. Wie heißen Sie?«

Niemand antwortete. Die Entschlossenheit zum Widerstand schien zurückgekehrt zu sein.

»Irgend jemand, der seinen Namen nicht vergessen hat?«

Wieder antwortete niemand.

»Ich sehe, Sie haben alle Ihren Namen vergessen. Na ja, vielleicht erinnern Sie sich morgen wieder.«

Sie ging hinaus.

Barbara stieg aus dem Taxi, ging auf das Haus zu, ein Reihenhaus. Im Vorgarten ein Junge, der an einem Motorrad bastelte.

Der Junge, den sie geohrfeigt hatte. Robert Weigand.

Der Junge sah sie an, lächelte. »Hallo, Frau Doktor.«

»Sie sprechen mit mir?«

»Wir sind ja draußen, außerhalb der Schule.«

»Da gelten andere Gesetze?«

»Das müssen Sie verstehen«, sagte der Junge und lächelte. »Diese Schule ist etwas Besonderes, das ist gewissermaßen geweihter Boden. Das Haus hat eine alte Geschichte, in der Frauen nicht vorkommen.« Er sah sie neugierig an. »Weswegen sind Sie gekommen? Sie wollten sich beschweren?«

»Ich beschwere mich niemals.«

Der Junge lachte. »Ich habe ja auch schon mein Fett weg. Sie haben mir ganz schön eine gescheuert. Ich war im ersten Moment einfach sprachlos.«

»Und das auf geweihtem Boden.«

Der Junge nickte. »Wollen Sie hereinkommen? Soll ich Ihnen einen Kaffee machen?« Er schränkte ein. »Was nicht heißt, daß sich irgend etwas ändern würde. Sie verstehen?«

»Ich verstehe.«

»Wissen Sie, man muß sich an was halten können, an – nun ja, an Regeln. Sich an Regeln halten zu können ist eine wahre Wohltat, es tut echt gut. Es ist besser, als in der sogenannten Freiheit ... herumzuschwimmen, von der man schließlich nicht weiß, wo oben und unten ist.«

»Hm«, machte Barbara, »nichts gegen vernünftige Regeln, aber ist diese Regel vernünftig: ›Keine Frau an der Schule‹?«

»Wissen Sie, wie lange dieser Satz schon gilt?«

»Wenn ich richtig rechne, seit hundertsiebzig Jahren.«

Der Junge sah sie begeistert an. »Ist das nicht phänomenal? Kommen Sie rein.«

Barbara folgte dem Jungen ins Haus.

Robert ging sofort ans Telefon, sprach mit jemandem: »Du hörst doch, Frau Doktor Theis ist hier. Wir trinken

Kaffee zusammen. Kommst du her? Sag auch den anderen Bescheid. Wer Zeit hat, kann ja mal auf einen Sprung vorbeikommen.«

Er legte auf, lachte. »Einige kommen her.«

»Wo sind denn Ihre Eltern?« fragte Barbara.

»Mein Vater ist im Büro, meine Mutter ist – ich habe keine mehr.« Er lachte. »Aber ich habe heute morgen an meine Mutter gedacht, als Sie mir eine gescheuert haben. Ich habe mich sofort an sie erinnert. Vielleicht war ich deswegen so sprachlos.«

Wenig später kamen andere Schüler. Alle begrüßten Barbara herzlich.

Karl sagte: »Einen tollen Schlag haben Sie. Der kam ansatzlos. Ich kann das beurteilen. Ich boxe nämlich.«

Es wurde ein fröhlicher Nachmittag. Barbara war umringt von ihren Schülern, die ziemlich lebhaft waren und beträchtlich ungeniert, wenn die Rede auf die Schultradition kam.

Karl sagte: »Eine Mädchenschule ist doch auch ganz schön. Für Sie ist das doch eine Existenzfrage.«

»Fragt sich, was man darunter versteht«, erwiderte Barbara. Dann sagte sie plötzlich: »Wenn ihr nichts dagegen habt, lade ich euch in eine Diskothek ein.«

Die Jungen sahen sich an.

»Frau Doktor«, sagte Robert Weigand, »wenn Sie mit Ihrer Einladung etwas bezwecken wollen – das läuft nicht.«

Sie lächelte. »Gegen hundertsiebzig Jahre …«

» … kommen Sie nicht an«, vollendete Robert den Satz. »Aber wir gehen natürlich gern mit.«

Sie fuhren mit Autos und Motorrädern in eine Diskothek.

»Sie versuchen es durch die Hintertür«, sagte Robert und sah ein wenig besorgt aus. »Sie denken, Sie schaffen das. Ich sage Ihnen gleich, die Rechnung geht nicht auf.«

Dennoch tanzte er mit seiner Lehrerin. »Echt klasse, wie Sie tanzen«, sagte er, »und Sie merken hoffentlich, daß ich nichts gegen Frauen habe. Aber vor hundertsiebzig Jahren sagte der erste Direktor der Kadettenanstalt: Nichts gegen Frauen, aber alles zur rechten Zeit und am rechten Ort.«

Barbara lachte, tanzte reihum mit den Jungen, die immer besorgter wurden.

Sie war es schließlich, die Robert Weigand nach Hause fuhr.

»Danke, Frau Doktor«, murmele Robert. »Tut mir leid, daß ich ein bißchen groggy bin, aber ich habe schon gemerkt, daß Sie ein paar Grundsätze ins Wanken bringen wollen.«

Er schüttelte den Kopf.

»Es ist Ihnen nicht gelungen. Sie sehen das hoffentlich ein!« Er sah sie fast flehentlich an. »Sie sind sich klar darüber, daß Ihnen das nicht gelungen ist?« fragte er noch einmal inständig.

»Ich sehe es«, antwortete Frau Doktor Theis. Robert hatte getrunken, ein wenig mehr, als er vertragen konnte.

»Gute Nacht«, sagte Barbara, umfaßte das Gesicht des Jungen und küßte ihn leicht auf die Wange.

Er starrte sie an und murmelte dann: »Das, was Sie da gerade getan haben, erinnert mich übrigens auch an meine Mutter.«

Frau Doktor Barbara Theis ging über den Gang auf das Klassenzimmer zu.

Der Direktor und einige andere Herren des Lehrkörpers standen ihr fast im Weg.

»Wollen Sie es noch einmal versuchen, Frau Doktor?« fragte der Direktor.

»Sie sehen, ich bin gerade dabei«, antwortete Barbara und öffnete die Tür zum Klassenzimmer der Oberstufe. Wie am Tag zuvor standen die jungen Leute herum, lachten, redeten und benahmen sich, als sei ihre Lehrerin Luft. Aber ein kleines bißchen Nervosität war dabei.

Barbara stellte sich hin, sagte nichts, wartete. Das Gerede ebbte langsam ab, bis völlige Stille entstand.

Barbara sagte ruhig, fast höflich: »Ich bin Doktor Barbara Theis, ich habe den Auftrag, Sie zu unterrichten, in Deutsch und Geschichte. Wollen Sie mir bitte Ihre Namen sagen, damit ich Sie kennenlerne?«

Schweigen, langes Schweigen.

Dann murmelte Robert Weigand: »Weigand, Robert.«

Der Name tropfte in die Stille. Erst nach einer Weile antwortete der nächste: »Schlobach, Karl.«

»Becker, Jochen.«

So ging es weiter, bis alle ihre Namen gesagt hatten. Und Barbara fuhr fort: »Also Geschichte. Wir vergessen das Jahr achtzehnhundertelf, so interessant es auch war, und wenden uns voll der Gegenwart zu. Einverstanden?«

Kleines Schweigen – und dann Lachen wie eine Erlösung.

Und Frau Doktor Theis sagte herzlich: »Gewöhnlich macht Geschichte traurig – aber nichts dagegen, daß sie uns auch mal zum Lachen bringt.«

Hilfe für Anna

Anna kam in die Küche.
»Telefon für dich, Mama.«

Brigitte stand am Herd.

»Wer ist es? Ich hab grade keine Zeit …«

»Eine Frau ist es. Sie hat ihren Namen nicht genannt. Aber es sei dringend.«

Brigitte wischte sich die Hände an der Schürze ab, ging ins Wohnzimmer, nahm den Hörer auf und meldete sich.

»Ja …«, sagte sie, hörte ein Weile zu, sagte nur mal überrascht: »Ach?« Und: »Irren Sie sich da nicht?« Dann ließ sie sich den Namen geben, die Adresse und stellte ein paar Fragen, die offenbar ausreichend beantwortet wurden.

Brigitte legte schließlich nachdenklich den Hörer auf, überlegte kurz, ging dann zu ihrem Mann ins Arbeitszimmer.

Georg saß wie gewöhnlich an der Schreibmaschine, hob den Blick, rückte die Brille zurecht.

Er hatte es nicht gern, wenn man ihn störte.

»Tut mir leid, Georg«, sagte Brigitte, »aber es ist eine wichtige Sache. Anna hat einen Freund.«

»Aber das weiß ich ja«, erwiderte Georg ein wenig ungeduldig. »Sie bindet es jedem auf die Nase, der sie fragt, warum sie so geistesabwesend durch die Wohnung rennt.«

»Nun …«, meinte Brigitte trocken, »soeben hat die Frau dieses Freundes angerufen.«

»Was, was?« Georg hob erschrocken den Kopf. »Der Mann ist verheiratet?«

»Was er Anna offenbar verschwiegen hat.«

»Na, dann sofort aufklären!« rief Georg. »Ist das Kind da?«

»Das Kind ist in der Küche«, sagte Brigitte, wich aber nicht von der Stelle. »Ich weiß nicht, ob das richtig ist, wenn wir ihr jetzt die Wahrheit sagen.«

»Warum nicht?« wunderte sich Georg.

Brigitte suchte nach Worten. »Weil – das Kind ist so glücklich. Es ist ihre erste große Liebesgeschichte.«

»Eben deswegen ...«, wandte Georg ein.

»Nein, nein«, erwiderte Brigitte, »ich finde, da muß man behutsamer vorgehen. Ein erstes, ein allererstes Gefühl, das man nicht zerstören sollte durch eine radikale Erklärung ...«

»Radikal? Was ist daran radikal? Der Kerl nutzt die Gutgläubigkeit eines Mädchens aus.«

»Das sollte er auch nicht tun«, sagte Brigitte nachdenklich, »deswegen bin ich ja hereingekommen, um den Fall mit dir zu besprechen.«

Nach dem Essen nahm Brigitte ihre Tochter beiseite.

»Du gehst weg heute?«

»Ja«, sagte Anna, »wir haben uns zum Segeln verabredet. Es ist guter Wind draußen.«

»Du hast mir noch gar nicht erzählt, was das für ein Typ ist.«

»Soll ich das jetzt tun?« fragte Anna, sah auf die Uhr. »Ich muß sofort weg.«

»Wenn ich dir mal was sagen darf aus meinem reichen Erfahrungsschatz – es ist sehr gut, einen Mann ab und zu mal warten zu lassen.«

»Aber der Wind, Mama …«

»*Der* Wind schläft nicht so schnell ein«, sagte Brigitte. »Also: Was ist das für ein Typ?«

»Er ist fabelhaft, Mama«, stieß Anna hervor, »ganz fabelhaft. Er sieht gut aus, er ist fröhlich und immer gut aufgelegt. Wir verstehen uns irre gut.«

»Kannst du uns den jungen Mann nicht mal vorstellen?«

Anna hob die Schultern, lächelte. »Mit Familie hat er es nicht.«

»Soso, mit Familie hat er's nicht.«

»Er wohnt bei seiner Mutter, die offenbar sehr streng ist.«

Brigitte ob den Kopf, fragte: »Hat dein Freund Humor?«

»Ja, den hat er. Wir kommen aus dem Lachen nicht mehr heraus. Aber jetzt muß ich gehen, Mama.«

Büroschluß in einem großen Bürogebäude. Die Angestellten verließen das Haus.

Brigitte hielt einen jungen Mann auf. »Herr Viebach?«

Der junge Mann stutzte.

»Ja, der bin ich.«

Brigitte lächelte, streckte ihm die Hand entgegen. »Mein Name ist Schöndorf.« Mit strahlendem Lächeln fuhr sie fort: »Ich bin die Mutter von Anna.«

Der junge Mann hielt deutlich die Luft an.

»Die Mutter von Anna?«

»Ja …«, lachte Brigitte, »ich habe Sie sofort erkannt. Was kein Kunststück war. Ihr Foto steht ja auf dem Nachtschränkchen meiner Tochter.«

»Ah so, ja ...«, murmelte der junge Mann unsicher.

Brigitte lachte. »Anna hat mir so viel von Ihnen erzählt, daß ich es kaum erwarten konnte, Sie kennenzulernen.«

»So?«

»Deshalb benutze ich diesen ungewöhnlichen Weg«, fuhr Brigitte heiter fort, »stehe vor einem Bürohaus und warte, daß ein junger Mann herauskommt, den ich nach einem Foto wiedererkennen muß.« Sie sah den jungen Mann etwas unsicher an. »Ich sehe, es ist Ihnen nicht recht, daß ich Ihnen hier sozusagen aufgelauert habe ...«

»Doch, doch«, beteuerte der junge Mann hastig.

»Wie schön«, fuhr Brigitte fort. »Sie haben doch zehn

Minuten Zeit? Gleich gegenüber ist ein Lokal. Trinken wir etwas zusammen?«

Der junge Mann konnte kaum ausweichen, zumal Brigitte ganz unbefangen und fröhlich seinen Arm ergriff.

Im Lokal setzte sie sich mit dem beklommenen jungen Mann an einen Tisch, sah ihn fröhlich an. »Was trinken wir? Wonach ist Ihnen zumute? Sie sehen aus, als könnten Sie einen Schnaps gebrauchen.«

Sie bestellte zwei Kognak, strahlte erneut den jungen Mann an. »Herrgott, sehen Sie gut aus! Kein Wunder, daß Ihnen die Mädchenherzen nur so zufliegen. Wie war das Segelwetter?«

»Gut ...«, murmelte der junge Mann, »gut.«

Brigitte lachte. »Ich weiß vom Segeln nur, daß der Wind vor der richtigen Seite kommen muß. Kam er von der richtigen Seite?«

»Jaja«, sagte der junge Mann nervös.

»Anna mag Sie sehr«, fuhr Brigitte fort, »sie steht – wie sagt man so schön? – in hellen Flammen. Für Anna ist es die große Liebe.«

Sie lachte, sah den jungen Mann herzlich an. »Die große Liebe im Leben einer Tochter ist auch für die Mutter ein Ereignis.«

Die Kognakgläser standen inzwischen auf dem Tisch.

»Aber trinken wir erst mal.«

Der junge Mann stürzte den Kognak hinunter, ließ Brigitte keine Zeit, ihm zuzuprosten.

»Anna hat mir erzählt, daß Sie ein wenig schüchtern sind.«

»Schüchtern? Ich ...?« fragte der junge Mann verwirrt.

»Sie meint es in einer bestimmten Hinsicht. Anna wartet darauf, daß Sie etwas ganz Bestimmtes sagen. Sie ist schließlich im heiratsfähigen Alter ...«

Der junge Mann saß wie betäubt da.

»Das ist der Grund«, fuhr Brigitte lebhaft fort, »daß ich die Initiative ergriffen habe. Sie verstehen, ich mußte Sie einfach kennenlernen. Denn schließlich ist es ja eine dringende Familiensache geworden.«

Die Betäubung des jungen Mannes schien zuzunehmen. In diesem Augenblick ging die Tür auf, und Georg betrat das Café.

Er entdeckte seine Frau und kam gleich mit strahlendem Lächeln auf sie zu, stand vor dem Tisch und fragte, geradezu begeistert: »Ist er das?«

Und Brigitte nickte ebenso herzlich. »Das ist er.«

Georg streckte dem jungen Mann die Hand entgegen. »Das erste, was ich sagen muß: ein sehr gutaussehender junger Mann.« Er stellte sich vor: »Doktor Schöndorf ...« Er lächelte, fügte das schicksalsbeladene Wort hinzu: »... der Vater.« Er schüttelte dem jungen Mann kräftig die Hand, fragte seine Frau: »Ist über das Wesentliche schon gesprochen worden?«

Brigitte rief: »Wir haben über die Liebe gesprochen, darüber, daß sie bei jeder Verbindung das Eigentliche, das Wesentliche ist!«

»Natürlich ...« Georg lachte, setzte sich. »Was trinkt ihr? Das bekomme ich auch.«

Er wandte sich um, rief den Ober, bestellte ebenfalls einen Kognak, sah mit blitzenden, vergnügten Augen seine Frau an. »Ist schon eine Erklärung abgegeben worden?«

»Sie kommt jetzt.« Brigitte strahlte den jungen Mann an, holte Atem, um ihren Worten Gewicht zu verleihen. »Ich bin mit der Verbindung einverstanden. Und betone, daß ich mich sehr freue.«

»Das tue ich auch«, erklärte Georg feierlich und benutzte die Gelegenheit, dem jungen Mann erneut die Hand zu drücken.

»Ich möchte einen Vorschlag machen«, fuhr Brigitte fort, »daß Herr Viebach heute abend zu uns kommt, ganz formlos selbstverständlich, aber doch ein bißchen ...«, sie lächelte, »offiziell.«

»Richtig«, nickte Georg, »und wir trinken eine anständige Flasche Sekt zusammen.«

»Einverstanden?« fragte Brigitte den jungen Mann und warf ihm einen aufmunternden Blick zu.

Der junge Mann atmete tief ein, setzte mehrmals an, nickte dann nur.

»Um sieben? Ist Ihnen das recht?«

»Jaja«, murmelte der junge Mann verstört.

»Und morgen«, stieß Georg nach, »geben wir dann die Anzeige auf.«

Man trank den Kognak aus, man stand auf, man schüttelte sich die Hand, und Brigitte sagte: »Und grüßen Sie Ihre Mutter.«

»Und dann sagtest du: ›Und grüßen Sie Ihre Mutter.‹ Meine Liebe, in diesem Augenblick mußte ich mich sehr zusammennehmen, um uns nicht zu verraten.«

»Ich habe es dir angesehen«, sagte Brigitte, »aber du hast auch eine ganz schöne Breitseite abgefeuert: ›Und morgen geben wir dann die Anzeige auf.‹ Hast du gesehen, wie ihm plötzlich der Schweiß auf der Stirn stand?«

»Ich habe es mit Vergnügen gesehen«, sagte Georg.

Brigitte begab sich wieder an ihre Küchenarbeit, während Georg sich seinen wissenschaftlichen Artikeln zuwandte.

Die Tage gingen dahin. Anna wurde blasser und verlor ihren Appetit.

»Was ist mit dir?« fragte Brigitte. »Du siehst blaß aus, du hast keinen Appetit?«

»Nein, Mama«, sagte Anna, »er meldet sich nicht mehr. Seit drei Tagen ruft er nicht an. Und im Geschäft läßt er sich verleugnen.«

»Was du nicht sagst«, murmelte Brigitte, »aber du wirst deswegen doch nicht weinen …«

»Nein, nein«, sagte Anna, »vielleicht ist es ganz gut so.« Sie atmete auf. »Ich habe euch nämlich etwas noch gar nicht erzählt. Er ist nämlich verheiratet.«

Die Chefin

Margot Schüler war eine attraktive Frau, so um die Vierzig, mit einer sehr guten Figur, elegant, selbstsicher. Sie saß am Kopf eines Sitzungstisches und hatte gerade eine Besprechung mit ihren leitenden Angestellten beendet.

Denn Margot Schüler war nicht nur eine schöne Frau, sondern auch eine erfolgreiche. Sie besaß eine große Firma, der es dank Margot Schüler glänzend ging.

Die Herren standen auf, packten ihre Unterlagen zusammen. Die Chefin musterte sie mit ihren graugrünen Augen und entließ sie.

»Der Protokollführer soll noch bleiben!« befahl sie.

Der junge Mann am anderen Ende des Tisches blieb gehorsam stehen.

»Kommen Sie bitte mal her«, sagte Margot Schüler.

Der junge Mann packte seine Unterlagen zusammen und ging auf die Chefin zu.

Er hieß Alfred, war Mitte Zwanzig, gutaussehend, ein hübscher Junge, mit braunen Haaren, braunen Augen.

Nachdenklich sah ihn die Chefin an.

»Sie sind noch nicht lange bei uns?«

Alfred erwiderte höflich: »Ein halbes Jahr.«

»Sie sind in der Abteilung Verkauf. Haben Sie sich schon eingearbeitet?«

»Ja, sehr gut.«

»Die Arbeit gefällt Ihnen?«

»Ja, sehr.«

Alfred war ein wenig beklommen, aber nicht zu sehr, eigentlich nur so viel, wie nötig war, um ihn noch besser aussehen zu lassen. Was er ohne Zweifel wußte.

»Ich habe vorhin etwas bemerkt«, sagte die Chefin. »Während Sie Ihr Protokoll machten, haben Sie mir zugelächelt.«

Sie sah ihn neugierig an.

»Und zwar ganz deutlich. Warum haben Sie das getan?«

Alfred holte Atem. Er wurde ein wenig verlegen, aber nur so viel, wie nötig war, um ihn wieder einmal noch besser aussehen zu lassen.

»Nun – Sie imponieren mir.«

»Lächeln Sie allen Leuten zu, die Ihnen imponieren?«

»Nein, nicht allen …«, sagte Alfred und war ebenso verlegen wie verwegen.

»Warum denn mir?«

»Weil Sie eine – eine sehr schöne Frau sind«, murmelte Alfred. Er hatte Mühe mit seinem Atem, dafür strahlte aus seinen hübschen braunen Augen ein gewisser Glanz.

Die Chefin sah ihn wieder nachdenklich an.

»Wann bekomme ich das Protokoll?«

»Ich sollte es bis morgen früh fertigmachen.«

»Ich möchte es in einer Stunde. Sie bringen es mir ins Büro. Persönlich.«

Die Chefin ging hinaus.

Der junge Mann blieb ein wenig verwirrt zurück, rückte dann seine modische Krawatte zurecht und sah aus wie jemand, der im Theater vor dem geschlossenen Vorhang sitzt und noch gar nicht weiß, was für ein Stück gespielt wird.

Die Chefin studierte das Protokoll, lobte es. »Saubere Schrift. Gute Einteilung. Wie sind Ihre persönlichen Verhältnisse? Sind Sie verheiratet?«

»Nein, nein …«, sagte der junge Mann hastig.

»Wo wohnen Sie, bei Ihren Eltern?«

»Nein, ich habe eine kleine Wohnung.« Er räusperte sich. »Sie ist klein, aber …«, die Stimme versagte ihm fast, »sehr gemütlich.«

Margot Schüler stand auf, schritt durch den Raum, drehte sich dann nachdenklich um, sah den jungen Mann an und lächelte plötzlich. »Haben Sie da denn auch was zu trinken?«

Alfred geriet beinahe ins Stottern.

»Ja, natürlich habe ich etwas zu trinken.«

»Musik?«

»Ja, ich habe auch Musik.«

»Und Zeit, heute abend …?«

Alfred blieb der Atem stehen. »Auch Zeit. Ich habe selbstverständlich Zeit.«

»Geben Sie mir Ihre Adresse. Ich komme um acht.«

Alfred umarmte seinen Kollegen. »Mensch, Gerhard!«

»Was ist denn los? Warum bist du so aufgeregt?«

»Meine Karriere ist gesichert. Die Chefin besucht mich heute abend. Ob ich was zu trinken dahabe und ob ich Musik machen kann, wollte sie wissen.«

Er holte tief Luft, starrte seinen Kollegen an. »Menschenskind, Gerhard«, flüsterte er, »ich habe heute abend ein Schäferstündchen mit der Chefin!«

Der Kollege war nun selbst wie benommen.

»Ich schwöre es dir«, beteuerte Alfred, »es war ganz unmißverständlich.«

Gerhard begann zu lächeln. »Dann hast du es geschafft«, sagte er schlicht.

Alfred war nicht in der Lage, sich auf seine Arbeit zu konzentrieren. Er starrte in die Luft und begann, die angenehmsten Träume zu haben.

Er fuhr nach Büroschluß nach Hause, putzte die Wohnung, wischte Staub, besorgte Getränke, suchte die Platten aus, die er spielen würde. Er verteilte Kerzen im Raum und zündete sie an, um sich ein Bild von ihrer Wirkung zu machen. Er wusch sich noch die Haare und lachte sein Spiegelbild an. Er freute sich über das, was er sah: einen hübschen wohlgebauten Jungen, der dabei war, sein Glück zu machen.

Die Zeit verging viel zu langsam, aber schließlich wurde es acht Uhr.

Er begann die Kerzen anzuzünden und stellte den Sekt in einen Sektkübel, den er in aller Eile noch erstanden hatte.

Kurz nach acht klingelte es. Alfred öffnete die Tür. Die Chefin stand auf der Schwelle und lächelte ihn an.

Am nächsten Morgen strömten wie immer die Angestellten ins Bürogebäude.

Alfred stieg aus seinem kleinen Wagen, sah, daß sein Kollege Gerhard auf ihn wartete.

»Mann«, sagte Gerhard, »ich steh hier und kann's gar nicht abwarten, etwas von dir zu hören. War sie wirklich da?«

Alfred antwortete nicht gleich, als wolle er die Spannung vergrößern. Dann sagte er: »Sie war da. Pünktlich um acht. Stand vor der Tür und lächelte mich an.«

»Die Chefin?« vergewisserte sich Gerhard.

»Die Chefin«, sagte Alfred. »Lächelte mich an und war toll gelaunt, richtig aufgekratzt. Mann!« rief er aus. »Die ist einfach ganz große Klasse. Wir haben getrunken, getanzt, richtig Spaß miteinander gehabt.«

»Echt Spaß?« wollte Gerhard es genau wissen.

»Echter geht's gar nicht«, sagte Alfred. »Alles, wovon man nur träumen kann ...«

»Das ist ja ungeheuer«, sagte Gerhard. »Aber ich glaub's dir. Ich glaub jedes Wort. Ich hab schon mal gehört, daß die Chefin gar nicht so ohne ist.«

Er lachte, und ein bißchen Neid war dabei unüberhörbar.

»Du bist schon ein Glückspilz«, stellte er schließlich fest. Alfred stimmte mit dieser Meinung völlig überein, rückte seine Krawatte zurecht und marschierte auf das Bürogebäude zu.

Im Treppenhaus nahm er mehrere Stufen gleichzeitig, wie jemand, dem plötzlich ungeahnte Kräfte gewachsen sind.

»Sie kommen zu spät«, sagte sein Abteilungschef, sah auf seine Uhr und fügte streng hinzu: »Und zwar um mehr als eine halbe Stunde.«

Alfred sah den Bürochef an.

Er richtete sich auf und meinte: »Wenn ich zu spät komme, dann hat das einen Grund.«

»Ihre Gründe interessieren mich nicht. Sie haben pünktlich zu sein.«

»Na, na, na!« sagte Alfred.

»Was heißt hier: na, na, na?«

»Ich will damit sagen: Kommen Sie mal runter von Ihrem hohen Roß. Das hat mir schon lange mißfallen.«

Der Bürochef staunte ihn an. »Was hat Ihnen mißfallen?«

»Ihr Verhalten mir gegenüber. Und ich sage Ihnen jetzt in aller Deutlichkeit, daß Sie Ihr Verhalten mir gegenüber ändern müssen.«

Der Bürochef war völlig perplex, starrte den jungen Mann an, als habe er es mit einem Kranken zu tun.

»Was muß ich? Mein Verhalten Ihnen gegenüber ändern?«

»Ja, und zwar ab sofort.«

Der Bürochef schnappte nach Luft, brauchte eine Weile, um dann mit großer Klarheit zu sagen: »Mein Verhalten Ihnen gegenüber spielt ab sofort keine Rolle mehr. Denn Sie sind versetzt worden.«

Alfred sah den Mann überrascht an.

»Was bin ich?«

»Sie sind versetzt worden in das Auslieferungslager nach Fürstenfeldbruck.«

Alfred lächelte.

»Versetzt worden. In das Auslieferungslager nach Fürstenfeldbruck. Na, Sie sind gut. Da kann ich nur lachen.«

»Lachen Sie, soviel Sie wollen«, erboste sich der Bürochef, »aber packen Sie Ihre Sachen. Die Versetzung gilt ab sofort.«

Alfred ging zum Telefon, hob den Hörer ab.

»Mit wem wollen Sie telefonieren?«

»Mit der Chefin. Und gleich werden Sie jedes Ihre Worte zurücknehmen. Und dann werden Sie Angst um *Ihren* Posten haben!«

Der junge Mann ließ sich mit der Chefin verbinden.

Margot Schüler saß an ihrem Schreibtisch und nahm den Hörer ab.

»Ich bin es«, sagte Alfred. »Hier liegt ein großes Mißverständnis vor. Ich soll versetzt werden.«

»Ja, das ist richtig«, erwiderte Margot Schüler kühl, »es ist meine Anordnung, und sie gilt ab sofort.«

Alfred begann zu stottern.

»Aber ich – ich verstehe nicht. Warum denn? Warum denn versetzt ...?«

Die Chefin sagte gelassen: »Ich diskutiere meine Anordnungen nicht mit meinen Angestellten.«

Alfred spürte ein leichtes Schwanken des Bodens. »Aber warum, wie denn?« stammelte er. »Ich meine, gestern abend ...« Er brach ab.

»Gestern abend?« kam kühl die Stimme der Chefin zurück. »Ja, wir hatten einen reizenden Abend. Er hat mir gut gefallen, und ich danke Ihnen noch einmal dafür.«

Sie legte den Hörer auf, drückte die Mikrofontaste: »Bitte zum Diktat, Fräulein Schulz.«

Alfred räumte seinen Schreibtisch auf, stopfte alles in seine Aktentasche.

Er nahm seinen Mantel und ging auf den Flur hinaus.

Dort stand sein Kollege Gerhard. »Was habe ich gehört?« rief er. »Du bist versetzt worden nach Fürstenfeldbruck?«

»Und ich weiß nicht einmal, warum«, sagte Alfred. »Ich habe keine Ahnung.«

Da sagte Gerhard langsam: »Soll ich dir mal was erzählen? Du hast da etwas ganz falsch gesehen. Du hast nicht die Chefin – die Chefin hat dich aufs Kreuz gelegt …«

Nanu, Fräulein Schöninger

Sie sollen mal zum Bürovorsteher kommen«, sagte die Sekretärin zu Georg, der gerade sein Datensichtgerät eingeschaltet hatte.

»So? Was will er denn?«

»Keine Ahnung.«

Georg ging durch die Reihe seiner Kollegen hindurch in das kleine Büro, in dem Doktor Leiphold gleichsam auf einem Hochstand saß.

Leiphold stand gleich auf, als Georg hereinkam, was ungewöhnlich war und Georg zur Vorsicht mahnte.

Er streckte ihm nun sogar noch die Hand hin, entblößte die Zähne und sagte: »Kommen Sie, lieber Freund. Ich habe etwas mit Ihnen zu besprechen. Zigarette? Oder wollen wir einen kleinen Schluck nehmen?«

»Sie wissen, Herr Doktor, ich rauche nicht, trinke nicht«, sagte Georg höflich ausweichend.

»Ah ja, richtig. Aber lassen Sie das steife ›Herr Doktor‹ mal beiseite. Ich bin zwar Ihr Vorgesetzter, aber ich selbst habe mich nie so gesehen. Oder habe ich jemals den Vorgesetzten herausgekehrt?«

»Nein, nie, das ist richtig …« Es war nicht ganz richtig, dachte Georg, aber er beschloß, auf diesen Punkt nicht näher einzugehen.

Leiphold sah Georg ebenso wohlwollend wie energisch an. »Wie lange kennen wir uns eigentlich schon?«

»Acht Jahre.«

»In denen Sie mir – ich sage das ganz offen – fast so etwas wie ein Freund geworden sind.«

»Ein Freund?« staunte Georg.

»Tja ...«, sagte Leiphold lächelnd, »und es ist auch so etwas wie ein Freundschaftsdienst, den ich von Ihnen erwarte. Ich kann doch ganz offen mit Ihnen sprechen?«

»Aber selbstverständlich«, beeilte sich Georg zu sagen.

»Obwohl ...«, Leiphold zögerte, »mein Anliegen ein bißchen heikel ist. Wollen wir nicht doch einen Kognak trinken?«

»Ich sagte schon ...«

»Ich weiß, was Sie sagten. Sie sagten ›nein‹. Aber erlauben Sie mir, daß ich jetzt einen Kognak trinke.« Er lächelte schwach, aber immer noch zugleich auch energisch. »Ich brauche ihn. Ich mache Sie neugierig, nicht wahr?«

»Ich gebe zu ...«, hob Georg an, aber Leiphold sprach schon weiter.

»Ich habe ein privates Anliegen. Indem ich es Ihnen offenbare, zeige ich damit das Vertrauen, das ich Ihnen entgegenbringe. Sie wohnen doch am Mühlenweg?«

»Ganz richtig.«

»Sie haben eine Zweizimmerwohnung.«

Georg wunderte sich.

»Sie haben mal darüber gesprochen«, sagte Leiphold und lächelte, »und ich habe es im Gedächtnis behalten. Eine hübsche Wohnung?«

»Ja, sehr hübsch.«

»Nun meine Frage.« Leiphold lächelte Georg breit an. »Können Sie mir Ihre Wohnung heute abend mal zur Verfügung stellen?«

»Wie?« sagte Georg verdutzt.

»Sagen wir, von acht bis zwölf?«

»Ich verstehe nicht …«

»Ich bitte Sie«, sagte Herr Leiphold etwas kumpelhaft, mit einem Augenzwinkern, und machte eine Bewegung, als wolle er Georg mit der Faust in die Seite stupsen. »Verstehen Sie wirklich nicht? Ich brauche mal eine Wohnung für ein paar Stunden. Ich würde«, er räusperte sich, und sein Augenzwinkern wurde intensiver, »eine Dame mitbringen, der ich kein Hotel zumuten kann.« Er lachte. »Nun ist es heraus. Ich habe mich ganz in Ihre Hand begeben. Na, was sagen Sie?«

Georg zog scharf seinen Atem ein, bemühte sich, einer gewissen Verwirrung Herr zu werden, überlegte fieberhaft: Leiphold war ein wichtiger Vorgesetzter und ein gefährlicher dazu.

»Sie werden mich doch nicht im Stich lassen«, drängte Leiphold. »Drei, vier Stunden, die Sie irgendwo verbringen müßten. Vielleicht gehen Sie ins Kino. Für die Unkosten komme ich natürlich auf.«

»Na ja«, sagte Georg.

»Haben Sie eine Fußmatte?«

»Wieso Fußmatte?«

»Daß Sie den Wohnungsschlüssel darunterlegen können.« Leiphold nickte wie erlöst. »Ich sehe, Sie sind einverstanden. Danke, mein Lieber, ich werde Ihnen das nicht vergessen.«

Georg hatte seine Wohnung aufgeräumt, wollte gerade fortgehen, als das Telefon klingelte.

Leiphold war am Apparat. »Gott sei Dank, daß ich Sie noch erwische. Ich kann noch nicht weg.«

Seine Stimme war hastig, etwas unterdrückt, fast flüsterte er: »Meine Frau wollte einen Besuch machen und geht jetzt erst später aus dem Haus, als ich dachte. Damit konnte ich nicht rechnen. Ich bin ganz verzweifelt. Ich habe ihr gesagt, daß ich mir eben Zigaretten holen muß. Nur um schnell telefonieren zu können. Ich bin in einer Zelle, wissen Sie.« Und eindringlich: »Die Dame, von der ich sprach, kommt nämlich gleich. Tun Sie mir den Gefallen, lassen Sie sie herein!«

»Aber ich habe doch schon die Kinokarte.«

»Gehen Sie später ins Kino. Lassen Sie sie herein, geben Sie ihr was zu trinken, sie soll warten.«

»Ja, gut«, sagte Georg und legte den Hörer auf.

Auch das noch, dachte er. Mach ich auch noch die Honneurs für den Kerl. Er schenkte sich ganz gegen seine Gewohnheit einen Kognak ein, fand ihn gar nicht so unangenehm, wie er gedacht hatte, und ging unruhig im Zimmer auf und ab, bis es, pünktlich um acht, an seiner Wohnungstür klingelte.

Georg öffnete die Tür und stand vor einem jungen Mädchen, das ihn ebenso entgeistert anstarrte wie er sie.

»Fräulein Schöninger«, flüsterte Georg.

Das junge Mädchen fragte ebenso verdutzt zurück: »Sie? Was machen Sie denn hier?«

»Was ich hier mache? Sie sind gut, das hier ist meine Wohnung.«

»Ihre Wohnung?«

»Ich wohne seit sechs Jahren hier.«

Das junge Mädchen zögerte.

»Aber ich bin hier doch verabredet.«

»Ja, mit einem Herrn«, entgegnete Georg trocken. »Der Herr hat gerade angerufen, ich soll Sie hereinlassen und Sie bitten, auf ihn zu warten. Er kann noch nicht weg. Wollen Sie nicht hereinkommen?«

Das junge Mädchen kam herein und sagte ängstlich: »Ich bin ganz erschrocken.«

»Ich auch.«

»Wieso Sie?« fragte das junge Mädchen.

»Na, Sie sind gut! Ich dachte, da kommt irgend jemand, und dann stehen *Sie* da plötzlich!«

»Wie betonen Sie das denn!?«

»Ich betone das?«

»Als ob Sie entsetzt sind.«

»Ich bin nicht entsetzt. Ein bißchen verwundert, das ist richtig, daß ausgerechnet *Sie* es sind, eine Kollegin aus meiner Abteilung.«

»Mir ist das alles sehr peinlich.«

»Das erste vernünftige Wort, das ich höre. Aber jetzt werde ich Ihnen erst mal etwas zu trinken geben. Kommen Sie, Fräulein Schöninger, machen Sie es sich bequem. Was möchten Sie? Ich habe für jenen Herrn etwas zu trinken besorgt. Whisky?«

»Geben Sie mir irgend etwas.«

»Und ich brauche auch einen Schluck. Man hat ja schließlich einen gewissen Eindruck von einem Menschen, mit dem man täglich zu tun hat.«

»Welchen Eindruck hatten Sie denn?«

Georg holte die Flasche, öffnete sie mit energischen, fast ein wenig erbitterten Gesten.

»Ich hatte einen sehr guten Eindruck von Ihnen. Ich dachte: Dieses Fräulein Schöninger ist ein ganz reizendes Mädchen. Ich meine damit nicht die äußeren Vorzüge, obwohl auch diese nicht zu übersehen sind. Aber ich dachte an die inneren Vorzüge. Ein Mädchen, dachte ich, das verdient, beschützt zu werden.«

»Beschützt?« Sie sah ihn aufmerksam an, fast ein wenig betroffen.

»Ich gebrauche dieses Wort, weil es meine Meinung wiedergibt.«

»Wovor wollen Sie mich denn beschützen?«

»Da fragen Sie noch?«

Gerade in diesem Augenblick klingelte das Telefon. Leiphold war am Apparat. »Ich bin's noch mal. Ist sie schon da?«

»Ja, Fräulein Schöninger ist da.«

»Ah ...«, kam die Stimme Leipholds durch das Telefon. »Sie wußten ja gar nicht, um wen es sich handelt. Na? Habe ich Geschmack? Die Schöninger. Ist die nicht umwerfend? Sagen Sie ihr, es dauert noch ein bißchen. Meine Frau geht einfach nicht aus dem Haus.«

Georg legte auf.

»War er es?« fragte Fräulein Schöninger.

»Ja, er war es. Er wartet darauf, daß seine Frau endlich das Haus verläßt.«

Er sah sie an, und das junge Mädchen hob etwas unsicher die Schultern.

»Sie wußten doch, daß er verheiratet ist.«

»Ja, das wußte ich.«

»Nicht schlecht, Fräulein Schöninger«, sagte Georg düster und goß sich noch einen Whisky ein.

»Was macht Sie denn an der ganzen Angelegenheit so nervös?« fragte das junge Mädchen.

»Na, Sie sind gut!« erwiderte Georg. »Ich überlege hin und her, in gewisser Weise fieberhaft, und möchte Sie fragen: Wo liegt für Sie auch nur der geringste Vorteil?« Er blickte bekümmert vor sich hin. »Der Mann will sein Vergnügen haben, weiter nichts, und das auf kurze Zeit und so unverbindlich wie möglich«, fuhr er fort.

Das junge Mädchen sah ihn nachdenklich an.

Georg ereiferte sich. Seine Stimme bekam Feuer, in seine Augen trat ein eigenartiger Glanz.

»Bei solchen Geschichten gerät eine Frau immer ins Hintertreffen, was sie nicht verdient – was vor allen Dingen Sie, liebes Fräulein Schöninger, nicht verdienen! So etwas ist nicht Liebe, wenn das Gefühl keine Rolle spielt. Und Sie verdienen es, daß Ihnen Gefühl entgegengebracht wird, was übrigens keinerlei Anstrengung erfordert ...« Und matt fügte er hinzu: »Meiner Meinung nach jedenfalls.«

Beide sahen sich an. Das Telefon klingelte wieder. Das junge Mädchen ging ans Telefon, hob den Hörer mit zwei Fingern, zögerte einen Moment, ließ dann den Hörer sanft fallen.

»Oh«, sagte Georg.

Kann irgend jemand etwas gegen eine Geschichte haben, die mit »oh« endet ...?

Rendezvous mit Inge

Ein Klassenzimmer, in dem tiefes Schweigen herrschte. Eine Arbeit wurde geschrieben.

Schüler und Schülerinnen der Oberstufe, die Köpfe gebeugt über die Hefte, einige schrien sehr selbstsicher, andere schauten etwas verloren und traurig in die Luft, den verlorengegangenen Gedanken mit der Seele suchend.

Vorn stand Herr Burgweiler, der Lehrer.

Er stand, wie es sich gehört, halb Taube, halb Raubvogel, als Taube die Stille genießend, als Raubvogel manchmal mit scharfem Blick die Klasse musternd.

Ein Zettel wanderte durch die Bankreihen. Alf hatte ihn geschrieben. Der Zettel wußte, wohin er mußte. Er geriet in die Hände eines jungen Mädchens. Inge las ihn, schrieb einen Satz dazu und schickte den Zettel zurück.

Der Zettel wanderte durch die Bankreihen.

Aber der Lehrer hatte sich gerade in einen Raubvogel verwandelt, sein scharfer Blick hatte den Zettel erspäht und er stieß zu.

»Der Zettel da. Was ist das für ein Zettel?«

Blitzschnell stand er neben dem Jungen, der nur eine Station auf dem Weg war.

»Von wo kam der Zettel?«

»Irgendwo von hinten«, murmelte der Junge.

»Und wo sollte er hin?«

»Irgendwo nach vorn«, murmelte der Junge wieder, »ich habe gar nicht auf den Zettel gesehen.«

»Aber ich werde es tun«, verkündete der Lehrer. Er las den Zettel, ging nach vorn, studierte den Zettel ein zweites Mal, dann hob er den Kopf mit den Raubvogelaugen.

»Hm ...«, sagte er, musterte die Klasse. Alle hatten aufgehört zu arbeiten, schauten nach vorn.

Burgweiler begann: »Ich will Ihnen nicht vorenthalten, was hier steht. Hier steht zunächst und oben eine Frage: ›Meine Eltern sind heute abend nicht da. Besuchst du mich?‹«

Schweigen, die Raubvogelblicke spähten in die Klasse hinein, wanderten von Gesicht zu Gesicht.

Dann fuhr er fort: »Die Antwort steht darunter. Sie ist kurz und bündig und lautet: ›Ja‹. Dieses Ja schien dem Verfasser nicht zu genügen. Er hat hinzufügt: ›Ich freue mich wahnsinnig.‹«

Schweigen in der Klasse.

»Zur näheren Erläuterung sollte ich sagen: Die Frage ist eindeutig in einer männlichen Handschrift geschrieben, so wie die Antwort, diese begeisternd zustimmende Antwort, eindeutig in einer weiblichen Handschrift.«

Alf saß ganz ruhig, hielt den Blick tapfer nach vorn gerichtet. Inge saß ebenso ruhig, obwohl ihr Herzschlag sich bedeutend beschleunigt hatte.

Burgweiler wußte, wie lange eine Pause zu wirken hatte und wann er sie abbrechen mußte.

»Wer hat diesen Zettel geschrieben?«

Schweigen, kaum, daß man Atmen hörte.

Burgweiler genoß die Situation, verwandelte sich nun vollends in einen Raubvogel, der sich über seiner Beute zu kreisen anschickt.

»So weit geht die Geständnisfreudigkeit also nicht. Andererseits möchte ich mich nicht als Graphologe betätigen, was ich durchaus könnte. Ich bin durchaus imstande, Schriften zu lesen und zuzuordnen.

»Na …«, er sah von einem zum anderen, »wer wird jetzt blaß?«

Niemand rührte sich.

»Wie ich mir gedacht habe, Gefühle verbinden sich heutzutage mit äußerster Kaltblütigkeit. Ein Merkmal, das zu denken gibt. Aber gut …«, er schien sich dennoch zu freuen, »analysieren wir diese Botschaft mal. Meine Eltern sind nicht zu Hause. Eine Feststellung und zugleich eine Ankündigung. Die Ankündigung nämlich: Wir können machen, was wir wollen, endlich wird uns niemand daran hindern. Und so ist diese Mitteilung auch verstanden worden, denn dem schlichten ›Ja‹ ist aus diesem Grund etwas hinzugefügt worden, nämlich das ›Ich freue mich wahnsinnig‹.«

Er machte eine Pause. »Hätte das ›Ja‹ nicht genügt? Nein, es hätte keinesfalls genügt, es sollte versichert werden: Ich weiß, was heute abend passieren soll. Und *das* ist es, wozu ich ›ja‹ sage. Es heißt, um es knapp auf eine Formel zu bringen: Ich bin zu allem bereit.«

Er machte wieder eine Pause, wanderte durch die Bankreihen, erforschte die Gesichter, suchte nach einem Lidzucken, nach verräterischer Färbung.

»Interpretiere ich das richtig?« fragte er ironisch, drehte den Kopf: »Mein Herr? Meine Dame?«

Er lachte auf, und die Verdrossenheit in seiner Stimme

kam aus wahren Tiefen seiner Seele. »Na, da wird ja heute abend allerhand passieren. Nur ein ehrliches, anständiges Gefühl, das wird nicht dabeisein.«

Alf sah immer noch auf den Lehrer, fühlte eine leichte Kälte in sich hochsteigen, was möglicherweise daher kam, daß er bemüht war, sich in einen Marmorblock zu verwandeln, um so unlebendig wie möglich zu wirken.

Inge hatte ihren Blick nach innen gezogen und kam sich vor wie ein Hase, dem kein Unterholz zu dicht ist.

Man strömte ins Freie, man scharte sich um Alf, eine Traube von Jungen, in der Mitte Alf.

Gelächter kam auf.

»Menschenskind, die Inge?«

Das war der Tenor plötzlich: Die Inge? Tatsächlich die Inge? Das schönste Mädchen in der Klasse. Das Mädchen, das noch nie ›ja‹ gesagt hatte.

»Und sie freut sich wahnsinnig?«

»Man, hast du ein Schwein.«

Alf hatte keine Gelegenheit gehabt, mit Inge zu sprechen. Aber er hatte ja nun erfahren, was sie gesagt hatte. Sie hatte geantwortet: Ja, ich freue mich wahnsinnig.

Das war die Hauptsache.

Und der Lehrer? Nun, er hatte trotz aller List und Beharrlichkeit nicht herausbekommen, wer die beiden Schreiber waren.

Langsam kehrten bei Alf die Lebensgeister zurück, der Schreck verflog so, wie jeder Schreck schließlich verfliegt, seine Kraft verliert.

Alf kam nach Hause, schloß die Wohnung auf und starrte die Uhr an, wartete auf den Abend.

Wie lange es dauerte! Daß man die Sonne nicht schieben kann. Wie lange sie den Himmel erhellt.

Na, endlich, endlich kam der Abend, kam die Nacht.

Alf hatte eine Sektflasche kalt gestellt, hatte Eiswürfel bereitgestellt, er holte die Gläser, er dekorierte den Tisch mit Blumen, er brachte Kerzen, verteilte sie, entzündete sie, trat zurück, um ihre Wirkung zu kontrollieren, und löschte sie wieder. Dann holte er Kissen, plazierte sie auf dem Sofa, ordnete sie, war nicht zufrieden, ordnete sie anders. Er suchte Musik aus, legte die Platten zurecht, probierte sie ebenfalls aus, ließ sich schon in die richtige Stimmung bringen. Weiche Musik? Oder härtere?

Immer wieder sah er auf die Uhr, auf der die Zeiger sich nicht bewegen wollten.

Aber dann war es doch soweit.

Er entzündete die Kerzen, legte eine Platte auf, hatte sich für weiche Musik entschieden.

Und dann – klingelte es.

Alf atmete tief auf, schluckte, um seiner Stimme Herr zu werden, ging zur Tür und öffnete sie.

Vor ihm stand eine Dame. Sie sah Alf aufmerksam und ruhig an.

»Ich bin die Mutter von Inge. Darf ich hereinkommen?«

»Natürlich«, murmelte Alf, »bitte …«

Die Dame kam herein, sah sich um, sah die brennenden Kerzen, hörte die weiche Musik.

»Sehr hübsch«, sagte die Dame, »das haben Sie sehr hübsch gemacht. Was für eine Musik ist das?«

»Simon and Garfunkel«, sagte Alf beklommen. Er fühlte sich ein wenig so, als sei der Boden unter ihm in sanftes Schwanken geraten.

Die Dame bewegte sich durch den Raum, nickte. »Eine angenehme Atmosphäre, die Sie da hergestellt haben.«

Sie sprach leise, ohne Schärfe, keine Bitterkeit in der Stimme, keine Ironie.

Sie musterte den Jungen.

»Erklären Sie nichts. Sie wollten es so hübsch wie möglich machen. Ich stelle nur fest: Es ist Ihnen gelungen.«

Sie machte eine Pause.

»Leider kann Inge nicht kommen. Sie hat sich auf diesen Abend gefreut, ich weiß, aber – sie ist ganz plötzlich krank geworden …«

»Krank?«

»Ja, nichts Ernstes. Das heißt, ich nehme an, daß es nichts Ernstes ist. Sie hat ganz plötzlich Fieber bekommen, wir haben sicherheitshalber den Arzt kommen lassen …«, sie machte wieder eine Pause, sah den Jungen aufmerksam an, »und der hat sie ins Bett gesteckt.«

Sie lächelte. »Was ihr nicht gefallen hat. Sie war ganz traurig und sagte zu mir: Mama, ruf ihn an, daß ich nicht kommen kann. Da habe ich mir gedacht, geh lieber selbst mal vorbei.«

Sie nickte ihm zu, lächelte. »Das wär's. Sie können die Kerzen jetzt löschen, die Musik abstellen.« Sie nickte ihm noch einmal zu. »Gute Nacht.«

Sie ging hinaus, die Tür fiel hinter ihr zu, und Alf stand ganz betroffen, wie jemand, der eine Weile braucht, um alles zu begreifen, einzuordnen.

Langsam ging er zurück in das Wohnzimmer.

Er stand etwas verloren da. Die Kerzen flackerten, als seien sie ebenso traurig, da sie ja nun ihren Sinn verloren hatten. Niemand leuchtet gern ohne Grund. Er stellte auch die Musik ab, die sich mit einem langen Kratzer über die Platte wehrte.

Ein Gefühl der Enttäuschung breitete sich aus. Aber da war plötzlich noch etwas.

Alf stand grübelnd da, holte das Gefühl ganz nach oben, es wurde immer stärker, brennender, bis es einfach nicht mehr auszuhalten war.

Er verließ die Wohnung, er rannte die Treppe hinunter. Auf der Straße hielt er inne, überlegte, lief dann los zu einem Blumenladen. Natürlich, der hatte geschlossen, aber der Automat enthielt Blumen, rote Nelken, man mußte nur ein Fünfmarkstück einwerfen.

Aber er hatte kein Fünfmarkstück. Er sauste in eine Kneipe, trank einen Schnaps, um sich mit gutem Gewissen einen Geldschein wechseln zu lassen, bekam seine Blumen, rannte zur Taxihaltestelle, stieg ein und bat den Fahrer, so schnell wie möglich zu fahren.

Außer Atem, mit etwas zerknitterten Blumen, stand er vor der Tür.

Inges Mutter öffnete, sah ihn überrascht an.

Er streckte seine Blumen vor, konnte kaum sprechen vor Atemlosigkeit.

»Inge …? Wie geht es ihr …?«

»Kommen Sie herein«, sagte die Dame und ließ Alf eintreten.

Im Wohnzimmer kam ihm Inge entgegen, lachte ihn strahlend an.

»Was ist denn?« fragte Alf überrascht. »Du bist nicht im Bett?«

»Ach«, sagte Inge, »Burgweiler hat unsere Handschriften erkannt und meine Mutter angerufen, daß da heute abend wahrscheinlich etwas Ungeheures passieren würde. Da hat sie etwas Angst bekommen und gesagt: Sie wolle doch erst mal sehen, wer du bist. Wir haben überlegt, was du tun würdest. Sie sagte: Er kommt nicht. Ich sagte: Er kommt sofort her.«

Sie umarmte Alf.

Und die Mutter sagte: »Nun wollen wir mal die hübschen Blumen in eine Vase stellen.«

Was für ein Tag

Rolf Bärwald rasierte sich. Er war nach einer fast schlaflosen Nacht aufgestanden und im Zimmer hin und her gewandert, wie zwischen Tag und Traum. Mal halb im Schlaf, mal bei Bewußtsein, doch eins war so schrecklich wie das andere.

Er besah sich im Spiegel und schüttelte den Kopf und mochte sich nicht – was ihm ganz selten passierte, denn meistens mochte er sich.

Er zog sich an, ganz langsam, stand eine Weile auf einem Bein, das andere halb in der Hose, die er anziehen wollte. Er stand so lange, bis er das Gleichgewicht nicht mehr halten konnte und sich aufseufzend an der Stuhlkante festhielt.

Frau Schulte klopfte an die Tür. »Herr Bärwald, Ihr Frühstück!«

Rolf Bärwald antwortete nicht. Er befand sich gerade wieder in einer bewegungslosen Phase.

»Herr Bärwald?«

Rolf riß die Tür auf.

»Ich komme ja schon. Was schreien Sie denn so? Ich bin ja da!«

Frau Schulte war eine Frau in den Vierzigern.

Sie reagierte etwas ärgerlich. »Ich habe nicht geschrien, ich habe die Mitteilung gemacht, daß das Frühstück fertig ist.«

»Sie haben geschrien«, beharrte der junge Mann, »und völlig unnötigerweise, denn ich weiß ja, daß das Frühstück fertig ist. Es ist immer fertig, wenn ich aus dem Bad komme. Sie haben Ihre Mitteilung überflüssigerweise gemacht.«

Frau Schulte, die Zimmerwirtin, holte Luft, sah Rolf Bärwald konsterniert an. »Jetzt verstehe ich überhaupt nichts mehr. Ich darf doch wohl noch sagen, daß das Frühstück fertig ist. Haben Sie schlecht geschlafen?«

»Ich habe sehr gut geschlafen«, log Rolf und unterdrückte die grauenvolle Erinnerung. »Und ich bin auch nicht schlecht gelaunt. Was unterstellen Sie mir denn da?«

Frau Schulte hielt es für angebracht, ihrer Stimme einen noch schärferen Ton zu geben.

»Ich unterstelle Ihnen etwas? Na, Sie sind gut. Sie sind ja wie ein – wie ein Berserker heute!«

»Wie ein *was*?«

»Ich finde es nicht richtig, wenn Sie Ihre Launen an mir auslassen.«

»Berserker? Launen? Jetzt hören Sie mir mal zu!«

»Ich höre Ihnen nicht zu.« Frau Schulte mußte zwischen zwei Sätzen Luft holen, was ihr selten passierte. Sie stieß hervor: »Sie sind ja nicht zum Wiedererkennen.«

Sie hielt es danach für richtig hinauszugehen, durch spontan vollzogene Abwesenheit die Wirkung ihrer Worte zu erhöhen.

Rolf murmelte: »Nicht zum Wiedererkennen. Hat man Töne. Berserker? Was ist das überhaupt?«

Er lachte auf, schüttete sich Kaffee ein, geriet dann wieder in Bewegungslosigkeit. Er vergaß zu trinken, starrte das Brot an, das er in der Hand hielt, und legte es sanft zurück.

»Die Zeitung.« Frau Schulte kam herein, noch beleidigt und überzeugt, daß sie dies sehr gut zum Ausdruck brachte. »Ehe Sie mich wieder anfahren.«

»Ich fahre Sie nicht an«, sagte Rolf, »und die Zeitung interessiert mich nicht.«

Sie staunte. »Interessiert Sie nicht?«

»Sie hören doch, was ich sage.«

Erbittert rief Frau Schulte: »Sie lesen die Zeitung jeden Morgen. Sie schreien, wenn ich sie mal vergesse – und heute interessiert sie Sie nicht! Sind Sie krank?«

»Ich bin nicht krank«, sagte Rolf.

»Irgend etwas stimmt jedenfalls nicht mit Ihnen. So wie heute waren Sie noch nie.« Mit diesen Worten verschaffte sie sich einen starken Abgang.

Rolf nahm einen Schluck Kaffee und murmelte vor sich hin: »Na, die macht es sich einfach. Krank! Man ist krank, wenn man nicht ins Schema paßt. Aber es ist«, versank er ins Grübeln, »wirklich eine Frage, ob man ins Schema paßt, und wenn man nicht da reinpaßt, was man davon halten soll.«

Er saß stumm vor seinem Frühstück, bis Frau Schulte besorgt den Kopf hereinsteckte.

»Sie müssen doch fahren, es ist nach acht.«

»Herrgott!« rief er. »Warum sagen Sie mir das nicht?« Er stand hastig auf. »Sie wissen doch, daß ich spätestens um acht aus dem Haus muß.«

»Haben Sie denn keine Uhr?« gab sie zurück, sah dem Davoneilenden ärgerlich nach und nahm verwundert zur Kenntnis, daß der junge Mann das Frühstück kaum angerührt hatte.

Rolf Bärwald kam noch einmal zurück, sah Frau Schulte an, hob die Arme und sagte: »Entschuldigen Sie bitte, Frau Schulte.«

Krank, er muß krank sein, dachte Frau Schulte.

Rolf fuhr ins Büro. Er stand mit seinem Wagen eine Weile vor einer Ampel, abwesend, in Gedanken versunken, bis ein Polizist ans Fenster klopfte.

Rolf drehte die Scheibe herunter: »Ja, bitte?«

Höflich sagte der Polizist: »Wir haben schon eine ganze Weile Grün.«

Rolf bedankte sich, überquerte die Kreuzung und fuhr nun flott weiter, bis er vor seiner Firma ankam.

Er nahm die Treppen im Laufschritt, verhielt allerdings vor der oberen Stufe und hatte erneut eine Phase der Bewegungslosigkeit. Erst der betroffene Blick eines Bürojungen weckte ihn.

Rolf betrat sein Büro, gab seiner Stimme den gewohnten morgendlichen Schwung.

»Guten Morgen, Frau Schmidt.«

»Guten Morgen, Herr Bärwald. Ist was passiert?«

»Was soll den passiert sein?«

»Weil Sie so spät kommen. Ich habe mir schon Sorgen gemacht.«

Ärgerlich rief er: »Wieso haben Sie sich Sorgen gemacht? Es besteht kein Grund, sich irgendwelche Sorgen zu machen. Sich Sorgen zu machen – ist eine Form von Aufdringlichkeit.«

Frau Schmidt, eine manchmal durchaus mütterliche Frau, starrte ihn an.

»Herr Bärwald?!« Ihre Stimme drückte aus, was sie empfand, und sie zog sich ins Vorzimmer zurück.

Rolf ging ihr nach. »Entschuldigen Sie bitte, Frau Schmidt.«

Sie zeigte ihre mütterliche Seite und sagte: »In Ordnung, Herr Bärwald. Sie haben sicher nicht gut geschlafen.«

»Jetzt fangen Sie auch damit an«, rief er verärgert, »ich habe sehr gut geschlafen, ganz ausgezeichnet – vielleicht gegen Morgen etwas weniger gut.«

»Wollen Sie jetzt diktieren?« erwiderte Frau Schmidt nur.

»Nein, nein«, sagte er, »lassen Sie mich eine Weile an meinem Schreibtisch sitzen.«

»Was wollen Sie?« fragte sie mit Erstaunen.

Ärgerlich unterbrach er sie: »Sie hören es doch, ich möchte eine Weile an meinem Schreibtisch sitzen.«

Er zog sich zurück, setzte sich an seinen Schreibtisch, holte tief Luft.

»Frau Schmidt!«

Sie zeigte sich. »Wie geht es zu Hause?« fragte er.

»Wie es zu Hause geht?« fragte sie verdutzt zurück.

Ärgerlich stieß er hervor: »Na, Sie hören doch. Ich frage Sie, wie's zu Hause geht.«

»Sehr gut«, stotterte sie, »warum fragen Sie?«

»Warum ich frage? Finden Sie es nicht normal, daß man sich erkundigt, wie es zu Hause geht? Sie haben doch eins, ein Zuhause. Sie sind doch verheiratet. Wie geht es Ihrem Mann?«

Frau Schmidt war erneut überrascht, fast erschrocken.

»Sehr gut, ganz ausgezeichnet.«

Der junge Mann lachte. »Das ist eine gewöhnliche, eine übliche Antwort, eine nichtssagende Antwort. Reine Höflichkeit.«

Er stand auf. »Frau Schmidt, ich interessiere mich wirklich dafür, wie es bei Ihnen zu Hause geht.«

»Aber ja«, nickte sie verwirrt, »es geht uns allen gut, bestens.«

»Soso«, meinte er, »also bestens.« Er atmete tief ein.

»Ich möchte gern ein Ferngespräch nach – nach Gummersbach.«

»Sie wollen mit Ihren Eltern sprechen?«

»Haben Sie die Nummer?«

»Ja, die habe ich.«

Frau Schmidt ging wieder ins Vorzimmer. Bärwald setzte sich erneut an seinen Schreibtisch. Sein Blick überflog die Gegenstände, die Postmappe, die Schale mit den Stiften, den Terminkalender.

Das Telefon klingelte. Rolf nahm ab.

»Wer ist da? Vater, du bist es?«

Der Vater antwortete, Überraschung in der Stimme. »Du, Junge? Eine ungewöhnliche Zeit. Ist etwas passiert?«

»Nein, es ist nichts passiert. Was macht du gerade?«

»Was ich mache? Ich stehe im Garten. Ich habe mir das Telefon auf die Fensterbank gestellt.«

»Was tust du jetzt gerade im Garten?«

»Ich bin bei einer der wichtigsten Beschäftigungen, die es für einen Gärtner gibt. Ich beseitige Unkraut.«

»Sehr gut, Vater«, sagte Rolf und fuhr fort: »Du weißt, was Unkraut ist. Ich«, er seufzte, »habe das nie gewußt.«

»Ja, Junge, aber weswegen rufst du an?«

»Nur so. Ich wollte mal hören, wie es euch geht. Ist Mutter da?«

»Nein, Mutter ist einkaufen gegangen. Sie geht ja immer sehr früh morgens. Was ist denn, Junge?«

»Nichts, Vater, ich wollte nur wissen, wie es euch geht.« Er legte auf.

Er stand eine Weile nachdenklich da, ging dann hinüber in den Waschraum und schüttelte sich Wasser ins Gesicht.

Ein Kollege kam herein. »Was machst du denn da?«

»Siehst du nicht, was ich tue?«

»Ja, ich sehe es«, sagte der Kollege, »ist dir heiß?«

»Ja!« Rolf trocknete sein Gesicht ab. »Mal heiß, mal kalt, immer abwechselnd. Verrückt.«

»Bist du krank?« fragte der Kollege besorgt.

»Nein!« Rolf sah seinen Kollegen eindringlich an.

»Wie geht's bei dir zu Hause?«

»Gut«, murmelte der Kollege.

»Was macht deine Frau?«

»Danke der Nachfrage. Ihr geht's prächtig.«

Ärgerlich rief Rolf: »Na toll, immer hört man nur das Beste, prächtig, fabelhaft, es könnte nicht besser sein. Alle haben das reinste Paradies zu Hause.«

»Na, Paradies habe ich nicht gesagt!«

»Also geht es doch nicht so gut?« hakte Rolf nach.

»Von Paradies habe ich nichts gesagt«, wiederholte der Kollege. »Aber sonst geht es uns gut.«

Rolf starrte ihn an und geriet wieder in Bewegungslosigkeit, aus der er nicht zu erwachen schien, wie sein Kollege kopfschüttelnd feststellte.

Mittags traf Rolf Ingrid in der Grünanlage. Sie kam ihm entgegen wie der Frühling selbst, ihr Haar wehte leicht im Wind, ihr Kleid wehte, alles an ihr schien lustig zu wehen.

Und plötzlich war dem jungen Mann ganz leicht zumute. Die qualvolle Nacht, der qualvolle Tag, all das war vergessen. Er holte tief Luft und sagte gelöst die Sätze, die ihm seit Tagen und die ganze letzte Nacht hindurch durch den Sinn gegangen waren und die beinahe seinen Kopf verwüstet hatten: »Ingrid, ich wollte dich heute etwas ganz Wichtiges fragen.«

Die Atempause war ganz kurz: »Ingrid, wollen wir heiraten?«

Die Wende

Sie standen auf der breiten Treppe vor dem Eingang der öffentlichen Schwimmhalle. Fünfzehn- und sechzehnjährige Jungen und Mädchen, eine ganze Schulklasse. Sie lachten, redeten fröhlich durcheinander und warteten auf ihre Turnlehrerin, die mit ihnen die Schwimmstunde abhalten und heute vor allem die Schulmannschaft aufstellen sollte. Für das Wettschwimmen aller Schulen der Stadt.

Rita ging ein paar Schritte Martin entgegen, der gerade mit seinem Fahrrad ankam.

»Hallo«, sagte Rita, und Martin sagte seinerseits: »Hallo!«

»Was machst du heute nachmittag?« fragte Rita. »Ich fahr mit dem Rad zum Pferdeanger. Die haben ein Fohlen. Wollen wir zusammen hinfahren?«

»Pferde sagen mir nichts«, sagte Martin, »außerdem habe ich keine Zeit.«

»Gehst du wieder zum Bahnhof?« wollte Rita wissen.

Martin war offensichtlich überrascht.

»Mein Bruder hat dich da zweimal gesehen.«

Er sah das Mädchen aufmerksam an. Seine blauen Augen waren plötzlich ganz tief, als versuchten sie, jeden Ausdruck zu vermeiden. »Ich komme öfter am Bahnhof vorbei.«

»Ich frage ja nur«, meinte das Mädchen, »weil da Fräulein Noll wohnt.«

»Die wohnt da?« fragte Martin.

»Das weißt du ganz genau. Da bist du nämlich nur, weil Fräulein Noll da wohnt.«

Der Junge wurde unsicher, machte ein wegwerfende Handbewegung. »Ach was. Was habe ich davon.«

Das Mädchen schaute ihn ruhig an, mit klaren grauen Augen.

»Du willst sie sehen. Bloß, daß du sie siehst ...«

»Du spinnst ja!« stieß Martin hervor. Es klang nicht überzeugend.

In diesem Augenblick kam die Turnlehrerin. Fräulein Noll. Eine junge Frau mit weizenblonden Haaren.

»Warum geht ihr nicht rein?« fragte sie. »Los, los, rein mit euch!«

Alle strömten in die Schwimmhalle.

Und Rita meinte: »Kannst doch sagen, daß du in sie verliebt bist.«

»Na und ...«, platzte es aus Martin heraus. »Geht dich das was an?«

»Ich sag ja gar nichts«, antwortete das Mädchen. »Ich sagte nur, daß ich es gemerkt habe.«

Die Jungen trennten sich jetzt von den Mädchen, gingen in die Umkleideräume. Die ersten sprangen schon ins Wasser, die Halle füllte sich mit Lärm und Gelächter.

Fräulein Noll, ebenfalls im Badeanzug, klatschte in die Hände, versammelte alle um sich herum.

Martin stand ziemlich weit weg, aber sein Blick war auf Fräulein Noll gerichtet.

»Erst die Jungen in einer Reihe aufstellen«, befahl sie. »Ihr schwimmt jetzt zwei Bahnen, ich nehme die Zeit. Die ersten beiden. Ihr schwimmt gegeneinander, es ist schon so etwas wie ein Wettkampf. Die sechs Besten kommen in die Mannschaft.«

Fräulein Noll drehte sich um: »Komm mal her, Martin.«

Martin kam nach vorn. Rita sah ihn an. Sie hockte mit ihren Freundinnen am Beckenrand.

Fräulein Noll hatte den Arm um die Schulter Martins gelegt, der ganz still stand, obwohl ihn eine Art Gänsehaut überlief.

Die ersten tobten durch das Wasser. Die Anfeuerungsrufe erfüllten die Halle. Alle strengten sich mächtig an.

»Jetzt du, Martin«, sagte Fräulein Noll, schob den Jungen nach vorn, hatte aber immer noch die Hand auf seiner Schulter. Plötzlich sagte sie: »Du atmest ja falsch.«

»Falsch?« fragte der Junge erstaunt.

»Zu heftig«, sagte Fräulein Noll. »Atmen tut man ganz ruhig.«

»Jaja«, nickte Martin und stellte sich auf.

Er schwamm wie um sein Leben, aber mit seinem Atem kam er nicht zurecht.

Und mit der Wende klappte es gar nicht. Er verlor glatt zwei Meter gegen seinen Konkurrenten.

Als Martin aus dem Wasser stieg, wandte sich Fräulein Noll ärgerlich an ihn.

»Martin«, rief sie, »ein so guter Schwimmer wie du, und solch eine Wende! Wenn du die Wende nicht besser machst, kann ich dich nicht aufstellen.«

Sie sah ihn an. »Du atmest ja immer noch falsch. Was ist denn los mit dir?«

Nach der Stunde strömten alle hinaus auf die Straße. Martin schloß sein Rad auf und blickte zu Rita hinüber, die ihn ernst ansah.

»Sie hat keine Ahnung, was?« sagte Rita ein wenig bekümmert.

»Bist du verrückt«, sagte Martin ganz erschrocken, zögerte dann und meinte: »Vielleicht komme ich doch heute nachmittag mit dir zu den Pferden.«

Sie saßen vor der Koppel, ihre Fahrräder lagen im Gras.

Versonnen sagte Martin: »Ich kann's nicht genau beschreiben. Es war einfach auf einmal da ...«

»Die Liebe?«

Martin schaute sie an, wollte sehen, ob sie sich über ihn lustig machte.

Ärgerlich zuckte er mit den Schultern. »Ich hatte plötzlich so ein Gefühl, wenn ich sie ansah. Ich wußte erst gar nicht, was los war. Immer blieb mir der Atem weg, mir war ganz komisch zumute. Ich dachte immer nur: Mensch, was ist bloß los?« Und eifrig setzte er hinzu: »Hast du so was noch nie erlebt?«

»Noch nie ...«

Er lachte. »Dann hast du aber was versäumt.« Er tippte auf seine Brust. »Es zieht so hier. Wie ein Schmerz, der eigentlich keiner ist, er ist eher das Gegenteil davon ...«

Rita sah ihn verträumt an.

»Und das ist so schön?«

»Ich kann dir sagen ...«, flüsterte Martin. »Ich kann stundenlang daliegen und nur an sie denken.«

»Und dann hast du das Gefühl?«

»Es ist sofort da.«

»Das Ziehen in der Brust?«

»Ja, so ein Schmerz, der eigentlich keiner ist.«

Das Mädchen legte sich zurück, spielte mit Gräsern, sah ihn nachdenklich an: »Was hat sie denn an sich? Ihre Figur?«

»Kann sein, aber das ist es nicht allein. Ich finde, sie hat so etwas ...«, er suchte nach einem passenden Wort, »so etwas Edles.«

»Edles ...?« wunderte sich Rita.

»Ich weiß doch auch nicht, wie ich es beschreiben soll ...«, sagte der Junge ärgerlich. »Aber irgendwie hat sie etwas – Edles.«

»Ich sag ja nichts gegen diesen Eindruck.«

»Weil du so ein Gesicht machst.«

»Ich mach kein Gesicht«, beteuerte sie, »bestimmt nicht.«

»Es ist ein ulkiger Ausdruck, das weiß ich auch, aber er trifft es irgendwie.«

»Er ist gar nicht so schlecht. Ich glaube, ich weiß jetzt, was du meinst.«

Er freute sich. »Weißt du, es ist das erste Mal, daß ich darüber spreche.«

»Weil du Vertrauen zu mir hast.«

»Ja, hab ich. Irgendwie hab ich das.«

Er lachte sie an, wurde dann ernst: »Verstehst du jetzt, warum ich mich heute in der Schwimmhalle so geärgert habe? Wegen der blöden Wende.«

»Die war aber auch miserabel.«

Sie lag immer noch zurückgelehnt im Gras.

»Du möchtest gern in die Mannschaft?«

»Das wär das Größte. Die trainiert sie doch. Dann würde ich sie öfter sehen.«

Nachdenklich sagte Rita: »Dann mußt du eben die Wende üben.«

Sie stand auf, ihre Augen blitzten.

»Ich weiß auch, wie. Heute nacht, wenn niemand im Schwimmbad ist, bringe ich dir die Wende bei.«

»Heute nacht?«

»Ich weiß schon, wie wir reinkommen. Durch ein Fenster.«

Die Schwimmhalle lag in nächtlicher Stille. Rita nahm Martin bei der Hand.

»Wollen wir kein Licht anmachen?«

»Gleich«, flüsterte sie, »erst ziehen wir uns aus.«

»Entschuldige«, sagte Martin, »ich dreh mich so lange um.«

»Macht mir nichts«, sagte Rita, »du liebst *mich* ja nicht.«

Sie zogen sich aus. Rita zog ihren Bikini an, Martin schlüpfte in seine Badehose.

»Saukomisch«, lachte er plötzlich, »du hast wirklich tolle Ideen.«

Sie gingen ans Schwimmbecken.

»Wir machen einfach Licht«, erklärte sie. »Wer soll das schon merken?«

Sie ging an den Schalter, und die ganze Schwimmhalle war plötzlich in Licht getaucht.

Rita lachte Martin an.

»So, und jetzt rein ins Wasser!«

Sie sprangen beide hinein.

»Also, ich zeige es dir jetzt, paß genau auf! Der letzte

Beinstoß muß kräftig sein, weil die Bewegung in das Anhocken übergeht.«

Sie zeigte es ihm. Sie konnte wirklich hervorragend schwimmen, und ihre Wenden waren erstklassig.

»Hast du's gesehen? Los, jetzt du!«

Martin war ziemlich eifrig. Rita war herausgeklettert, korrigierte ihn, lachte. »Geht schon viel besser. Du lernst es ganz schnell.«

Plötzlich hörten sie fern eine Tür gehen.

»Da kommt jemand«, rief Rita, »komm schnell raus!«

Sie half ihm heraus, und die beiden rannten zu den Umkleidekabinen.

»Da hat jemand das Licht gesehen«, sagte Martin. Eilig rafften sie ihre Kleidungsstücke zusammen und verkrochen sich in eine Ecke.

Sie hörten Stimmen immer näher kommen. Es war der Bademeister, zusammen mit einem Polizisten.

»Wie ist denn das bloß möglich? Sehen Sie sich das Wasser an. Hier ist doch gerade noch jemand geschwommen. Und hier am Beckenrand ist es noch ganz naß.«

Die beiden Männer spazierten kopfschüttelnd durch die Schwimmhalle.

Martin und Rita kauerten in einer Ecke, hielten sich eng aneinandergeschmiegt.

»Ganz ruhig«, flüsterte Rita, »die gehen schon wieder.«

Die Männer schienen alles zu durchsuchen, kamen auch in die Umkleidekabine, begnügten sich aber mit einem kurzem Umblick und entfernten sich.

»Durchs Fenster rein«, sagte der Bademeister, »jemand, der baden wollte. Ist so was zu glauben?«

Die beiden Männer verschwanden schließlich. Das Licht wurde ausgeschaltet, eine Tür geschlossen.

Martin hielt Rita immer noch fest im Arm. Plötzlich sagte er: »Komisch.«

»Was ist komisch?«

Er tippte sich auf die Brust. »Ich habe jetzt so ein Gefühl hier …«

Sie flüsterte: »So wie ein Schmerz?«

»Ja, wie ein Schmerz …«

»Der eigentlich keiner ist, eher das Gegenteil davon?«

»Ja.«

Sie sahen einander zärtlich an, in ihren Augen schimmerte das Nachtlicht.

Älterer Herr mit Absichten

Ein Gartenlokal an einem See.

Der See blitzte in der Sonne, besetzt von weißen Segeln, von Booten, Schwimmer quirlten den gleißenden Glanz. Lärm war in der Luft, vergnügter Sommerlärm. Im Gartenlokal am See war Hochbetrieb, alle Tische waren besetzt, kaum noch ein Platz zu bekommen.

Auf dem Parkplatz war ein großer Wagen vorgefahren, ein älterer Herr stieg aus, gepflegt, sportlich gekleidet, ein älterer Herr zwar, aber kein Typ, der sich zur Ruhe gesetzt zu haben schien.

Zwei ältere Kellnerinnen standen beisammen. »Da ist er wieder. Wetten, daß er gleich fragt: ›Wo bedient denn die Anneliese?‹«

Der ältere Herr kam heran, hielt eine der beiden Kellnerinnen auf. »Wo bedient denn die Anneliese?«

»Die Tische rechts bis zum Ufer …«

»Ja, ich sehe schon«, sagte der ältere Herr, der jetzt das junge Mädchen erblickte, das ein volles Tablett in den Garten brachte.

Der ältere Herr fand einen freien Platz, grüßte freundlich: »Guten Tag, Fräulein Anneliese.«

»Guten Tag«, sagte Anneliese.

»Na, das ist ein Tag heute …«, sagte der ältere Herr, »ich

bin heute sehr früh aufgestanden, habe mir das Vergnügen geleistet, den Sonnenaufgang zu erleben. Einmalig ...«

»Ja, es ist ein wundervoller Tag heute«, sagte das junge Mädchen.

Der ältere Herr ließ sie noch nicht gehen.

»Aber der Morgen erst! Der Himmel war völlig klar, kein Dunst. Die Sonne stieg wie ein Feuerball auf ...«, er lächelte, »zu Brudersphären Wettgesang. Um mit Goethe zu sprechen.«

Das junge Mädchen sagte knapp: »Um diese Zeit schlafe ich noch.«

»Man kann Menschen einteilen«, sagte der ältere Herr lebhaft, »in diejenigen, die dem Aufgang der Sonne den Vorzug geben, und in jene, die lieber ihren Untergang genießen ...«

Das Mädchen sagte lakonisch: »Ich sehe sie lieber untergehen.« Trocken fügte sie hinzu: »Dann weiß ich nämlich, daß ich hier fertig bin.«

»Sie bedienen nicht gerne?«

»Ich mach's nur aushilfsweise, ich hab's nicht gelernt.«

»Sie sind nicht Serviererin von Beruf?«

»Nein, ich bin Buchhändlerin. Was bekommen Sie, bitte?«

Der ältere Herr machte eine herzliche Bewegung, ließ sie nicht aus den Augen. »Sie wissen ja, was ich nehme – Kaffee und Kuchen.«

Sie eilte hinweg, wurde gerufen, nahm Bestellungen auf. Ein schlankes junges Mädchen, mit flinken Bewegungen und einer ganz besonderen Art, den Kopf zurückzuwerfen, daß ihre Haare flogen. Anneliese brachte den Kaffee und den Kuchen.

Der ältere Herr sagte: »Warum genießen Sie nicht das Wochenende wie andere junge Leute?«

»Ganz einfach ...«, sagte das junge Mädchen geduldig, »ich muß Geld verdienen, auch am Sonntag.«

Sie wurde wieder an einen Tisch gerufen. Eine Gruppe von Gästen wollte bezahlen.

Der ältere Herr lehnte sich zurück, sah ihr zu.

Die beiden älteren Kellnerinnen steckten die Köpfe zusammen. »Der läßt sie nicht aus den Augen.«

»Ja, ich sehe es«, sagte die andere, »den vierten Sonntag kommt er jetzt. Was der wohl will?«

»Na, du bist gut ...«, antwortete ihre Kollegin.

»In dem Alter doch nicht ...«, gab die Kellnerin zurück, »der ist ja über sechzig.«

Fast mitleidig erwiderte ihre Kollegin: »Männer rechnen sich Chancen aus bis zum Grabe. Es gibt Typen – vom Friedhofstor werfen die noch Küßchen zurück.«

Die andere lachte, und die Kellnerin fuhr fort: »Außerdem finde ich, er sieht sehr gut aus. Der hat eine Menge Geld. Die Anneliese soll mal nicht so zurückhaltend sein. Vielleicht macht sie ihr Glück ...«

Da Anneliese gerade vorbeikam, hielt sie das junge Mädchen an. »Was will denn der von dir?«

»Ich weiß nicht, was er will. Eben hat er vom Sonnenaufgang gesprochen.«

Diese Auskunft konsternierte die beiden Kellnerinnen ein wenig.

Der ältere Herr winkte Anneliese heran, lächelte sie herzlich und offen an: »Sie bemerken sicher, daß ich Ihnen mit den Blicken folge.«

»Ja, es fällt nicht nur mir auf, sondern auch meinen Kolleginnen.«

»Wie?« sagte der ältere Herr ein wenig überrascht. »Habe ich mich so wenig zurückgehalten?«

»Ganz offensichtlich«, erwiderte das junge Mädchen und sah den älteren Herrn fast ein wenig neugierig an.

Er lächelte. »Ich geb's zu und entschuldige mich, aber ich kann und will mich nicht daran hindern. Es hieße, mich um ein Vergnügen zu bringen. Darf ich so ehrlich sein?«

»Ich meine«, erwiderte das junge Mädchen ernsthaft, »daß Sie das nicht sagen sollten.«

»Warum nicht?«

»Sie verbinden möglicherweise Erwartungen damit ...«

»Erwartungen?« Er überlegte. »Ja, in gewisser Weise, ja.«

Trocken fuhr das Mädchen fort: »Sie werden versuchen, mich einzuladen.«

Er nickte überrascht. »Ja, das wollte ich tun. Ich wollte Sie einladen heute abend.« Er lächelte. »Nach Sonnenuntergang. Mit mir ein Glas Sekt zu trinken.«

Anneliese sah ihn wieder aufmerksam an. Kühle graue Augen. »Was versprechen Sie sich davon?«

»Nun ...«, murmelte der ältere Herr, »einen netten Abend.«

»Und was verstehen Sie darunter?«

»Ich verstehe darunter einen Abend, der Gewinn bringt.«

Anneliese wollte antworten, verzichtete aber darauf, da sie von anderen Gästen verlangt wurde.

Aber sie vergaß den Satz nicht, kam wieder vorbei und sagte: »Der Gewinn bringt, sagten Sie. Da muß ich wieder fragen, was Sie damit meinen.«

»Bereicherung ...«, sagte der ältere Herr.

»Hm …«, sagte das junge Mädchen verdutzt.

Der ältere Mann lächelte. »Mir gefällt übrigens, wie Sie ›hm‹ sagen.«

»Sie sollten mir sagen, was Sie unter ›Bereicherung‹ verstehen. Vielleicht handelt es sich um eine Formulierung, die ich Ihnen übelnehmen sollte.«

»Nein, nein …«, lachte der ältere Herr, »ich erkläre Ihnen, was ich darunter verstehe. Wann machen Sie Schluß hier?«

»Schlagen Sie sich das aus dem Kopf. Ich lasse mich nicht einladen.«

Der ältere Herr sagte unverdrossen: »Ich probier's mal, ich warte hier einfach …«

Sie atmete tief durch.

»Jetzt hören Sie mir mal zu«, rief sie, »ich gebe zu, Sie gefallen mir. Schon vor vier Wochen, als Sie hier hereinspazierten, dachte ich: Der gefällt mir, ein gutaussehender, sympathischer älterer Herr. Aber nun sind Sie dabei, den guten Eindruck zunichte zu machen.«

Die Sonne ging unter.

Anneliese saß mit dem älteren Herrn beisammen.

»Sekt kommt mit gerade recht«, erklärte sie, »Servieren macht irrsinnig müde.«

Sie hob ihr Glas: »Danke.«

Sie lächelte schwach: »Es tut gut, hier zu sitzen – so, als ob ich keine Sorgen hätte.«

»Sie haben Sorgen?« fragte er.

»Sorgen ist vielleicht falsch ausgedrückt. Ich bin – angestrengt. Daß Sie unter keiner Anstrengung stehen, das sieht man ...«

Er hörte ihr aufmerksam zu.

»Was meinen Sie mit Anstrengung?« fragte er.

Sie warf den Kopf zurück, um die Haare aus der Stirn zu entfernen.

»Es gibt viele Leute, die unter einer großen Anstrengung stehen. Sie wollen, sie müssen irgend etwas erreichen, sich durchsetzen, sich behaupten gegen Widerstände, Schwierigkeiten. Das ist nicht einfach ...« Sie lächelte den älteren Herrn an.

»Aus diesem Grund genieße ich es, mit Ihnen hier zu sitzen, als gäbe es keine Anstrengung.«

Sie lachte fröhlicher.

»Es ist eine Versuchung.« Sie sah ihn direkt, offen an, fast herzlich. »Sie sind eine Versuchung.«

»Eine Versuchung ...?« wiederholte er langsam.

»Ja, alle Anstrengungen zu vergessen ...« Sie machte eine Pause, schien zu zögern, setzte dann entschlossen fort: »Warum soll ich es Ihnen nicht sagen? Ich liebe einen jungen Mann, der sich ...«, jetzt lächelte sie versonnen, »auch unter einer großen Anstrengung befindet. Er studiert ohne Rückhalt durch seine Eltern, ist ganz auf sich allein angewiesen, verdient keinen Pfennig …«

Der ältere Herr sah sie aufmerksam an.

»Ich unterstütze ihn, bezahle sein Zimmer, seinen Unterhalt …«

»Und gehen deswegen sonntags arbeiten als Serviererin?«

»Es macht mir nichts aus …«, sie lachte plötzlich, »ich lerne Leute kennen, die mir – ich hab's Ihnen ja schon gesagt – sympathisch sind. Also die Arbeit ist nicht so schlimm …«

Der ältere Herr überlegte.

»Dieser Student – verdient er, daß Sie sich so für ihn aufopfern?«

Sie überlegte, antwortete nicht sehr schnell: »Ich glaube, ja. Ich weiß …«, sie sah den älteren Herrn offen an, »wer liebt, neigt dazu, sich zu täuschen. Ich tu's trotzdem, arbeite für ihn, schufte für ihn …« Sie lachte nun herzlich: »Das Verrückte ist, es macht mich glücklich.«

»Hm …«, meinte der ältere Herr, »muß ich mir Vorwürfe machen, daß ich mich nicht unter einer großen Anstrengung befinde?«

Der junge Mann öffnete die Tür.

»Du, Vater?«

Der ältere Herr kam herein: »Ich wollte sehen, wie es dir geht.«

Der junge Mann sagte sarkastisch: »Das ist plötzlich interessant für dich? Seit einem Jahr habe ich nichts von dir gehört …«

Der ältere Herr zog einen Stuhl heran, meinte: »Ich war

mit deinem Studium nicht einverstanden. Ich brauche einen Kaufmann für mein Geschäft, keinen Arzt.«

»Fängst du wieder an?«

»Keine Angst«, murmelte der ältere Herr, sah den mit Papieren, Büchern, Heften bedeckten Tisch. »Du arbeitest auch sonntags?«

»Ja, weil – ich habe keine Zeit zu verlieren.«

»Du kommst zurecht?«

»Nicht sehr gut, aber einigermaßen. Ich bitte dich nicht m Hilfe.«

»Aber ich möchte dir gern helfen …«

Der junge Mann sah ihn mißtrauisch an. »Woher dieser plötzliche Sinneswandel? Ihr Kaufleute habt doch immer einen Hintergedanken …«

»Den habe ich natürlich …«

»Ich gehe auf nichts ein«, erklärte der junge Mann leidenschaftlich.

»Das würde mir sehr leid tun«, meinte der ältere Herr, ging zur Tür und ließ Anneliese eintreten.

Dann sagte er, so streng wie möglich: »Heirate sie – oder ich tu's.«

Die Dunkelheit, die Einsamkeit

Robert zog sich an. Smoking, das nagelneue weiße Hemd, mit Rüschen.

Ein bißchen albern, dachte er, Rüschen am Hemd. Aber gut, sie wollen es so. Gesellschaftskleidung. Ich komme mir allerdings komisch vor.

Es klingelte an der Tür. Barbara kam. »Du bist noch nicht fertig?«

»Nein«, sagte er, »zunächst einmal staune ich und brauche Zeit, dich anzusehen. Mein Herz, du siehst vielleicht aus …«

Sie drehte sich, lachte. »Wie findest du mich?«

»Allererste Klasse. Das Kleid steht dir. Sag mal …«, rief er, »bist du wirklich mit mir befreundet? Mit einer so schönen, prachtvollen Frau bin ich befreundet?«

»Ja, bist du«, lachte sie, »jetzt zieh dir die Jacke an, wir müssen weg.«

»Ich bin schon dabei«, sagte Robert, legte sich die schwarze Fliege um, deren Bänder Barbara in seinem Nacken einhakte. Er zog die Jacke an.

»Wie sehe ich aus?«

»Genau wie du aussehen sollst«, sagte Barbara befriedigt, »du bist dir doch klar darüber, was diese Einladung bedeutet?«

»Vollkommen. Ich soll vorgeführt werden. Der Chef hat

alle Abteilungsleiter eingeladen, mit Damen. Ich werde begutachtet, ob ich reinpasse in den illustren Kreis.«

»So ist es« erklärte Barbara trocken. »Und so, wie du aussiehst, paßt du hinein.« Sie küßte ihn.

In diesem Augenblick klingelte das Telefon.

»Nanu«, sagte Robert, hob den Hörer ab.

»Keine langen Gespräche mehr«, sagte Barbara, »sonst sind wir nicht pünktlich.«

Robert fragte ins Telefon hinein: »Wer ist denn da? Melden Sie sich doch.«

Robert hörte genau hin. Da weinte doch ein Kind.

»Hallo?« fragte er.

»Wer ist denn da?« wollte Barbara wissen.

»Da weint ein Kind«, sagte Robert, rief erneut: »Hallo, wer weint denn da?«

Und eine ganz kleine ängstliche Kinderstimme kam zurück: »Ich habe Angst, ich habe solche Angst.«

»Wer hat Angst? Wer ist denn da?«

»Margit …«, antwortete das Kind und weinte wieder.

»Jetzt hör mal auf zu weinen«, sagte Robert energisch. »Wer ist Margit? Ich kenne keine Margit.«

Wieder sagte das Mädchen: »Ich habe solche Angst.«

»Wovor hast du denn Angst? Jetzt sag mal deinen vollen Namen.«

»Margit Berger.«

Robert wandte sich an Barbara: »Ein Kind. Es heißt Margit Berger. Haben wir den Namen schon mal gehört?«

»Nein«, sagte Barbara.

Etwas ratlos sagte Robert: »Warum rufst du denn *mich* an? Woher kennst du meine Telefonnummer?«

»Ich habe irgendeine Nummer gewählt«, sagte das Mädchen.

»Irgendeine Nummer?« staunte Robert, wandte sich an Barbara: »Ein Kind. Hat Angst und wählt irgendeine Nummer.«

»Leg auf«, sagte Barbara, »wir müssen gehen.«

Aber Robert legte nicht auf, fragte: »Wo sind denn deine Eltern? Sind die nicht da?«

»Robert!« mahnte Barbara.

»Meine Mutter ist nicht da«, sagte das Kind, »es ist so dunkel.«

Robert wandte sich an Barbara: »Ein ganz kleines Kind, weint, weil es so dunkel ist.«

»Dann soll es sich doch Licht machen.«

»Wo ist denn deine Mutter?« fragte Robert. »Wann kommt sie wieder?«

»Ich weiß nicht«, sagte das Kind und begann wieder zu weinen.

»Nicht weinen, nicht weinen«, bat Robert, »deine Mutter wird schon wiederkommen.«

Hilflos wandte er sich an Barbara. »Hört gar nicht auf zu

weinen.« Und wieder ins Telefon: »Wo wohnst du denn? Sag mal deine Adresse …«

»Um Himmels willen«, unterbrach ihn Barbara, »was willst du denn mit der Adresse?«

»Leopoldstraße zehn«, sagte das Mädchen.

»Jetzt mach aber Schluß«, sagte Barbara ärgerlich, sie drückte die Gabel hinunter, unterbrach das Gespräch.

»Mein Gott!« murmelte Robert. »Ein Kind, acht oder zehn Jahre alt, weint herzzerreißend, weil es so dunkel ist.«

»Warum macht sie nicht Licht?«

»Es ist eine Angst, die – die mit Licht nichts zu tun hat«, sagte Robert.

»Und wir kommen zu spät, weißt du das?« stöhnte Barbara ärgerlich.

Robert ging mit Barbara die Treppe hinunter, sagte: »Ich habe als Kind früher auch Angst vor der Dunkelheit gehabt. Ich kann mich genau erinnern, daß die Angst mich fast umgebracht hat.«

Sie öffneten die Haustür, traten auf die Straße hinaus.

»Es ist nicht die Angst vor der Dunkelheit allein«, überlegte Robert, »es ist die Angst, allein zu sein. Die Einsamkeit ist es, eine Art Ureinsamkeit …«

»Schon gut«, meinte Barbara, »überleg dir jetzt schon, was du zur Entschuldigung sagst, daß wir zu spät kommen.«

Robert zögerte.

»Wo ist denn die Leopoldstraße?«

»Wozu willst du das wissen?« Barbara ging weiter auf den Wagen zu.

»Muß eine Querstraße sein von der Mannheimer, kurz hinter der Gerolsteiner.«

»Kann sein – aber nun komm endlich.«

Robert atmete tief durch.

»Es wäre kein großer Umweg«, murmelte er, »nur mal nachsehen, ob man da nicht helfen muß.«

»Robert!« rief seine Frau aus, sah ihn entgeistert an. »Du willst bei dem Kind vorbeifahren?«

»Du hast es nicht weinen gehört. Es war herzzerreißend.«

»Haben wir nicht lang und breit darüber gesprochen, was der Abend heute für dich bedeutet?«

»Jaja«, gab Robert zu, »aber ein Umweg von fünf oder zehn Minuten. Diese Verzweiflung. Ich meine, man könnte versuchen, das Kind zu beruhigen.«

Sie sah ihn fest an. »Wenn du *das* tust, dann triffst du eine Entscheidung gegen deinen Beruf, gegen *deine* Karriere – und auch gegen mich.«

»Gegen dich?« staunte er.

»Weil ich dich nicht verstehe. Ich habe absolut kein Verständnis dafür.«

Robert sah sie an, sagte ruhig: »Es sind nur zehn Minuten.« Und dann: »Fahr voraus. Entschuldige mich irgendwie. Ich komme nach.«

Sie starrte ihn an, wandte sich dann abrupt um, bestieg ihren Wagen, wartete eine Weile, ob er sich seinen Entschluß überlegen würde. Da er es nicht tat, fuhr sie los, ohne sich noch einmal umzuwenden.

Die Leopoldstraße war in der Tat nicht weit weg.

Robert stieg aus, suchte auf der Tafel mit den Namensschildern den Namen Berger, fand ihn und drückte den Knopf.

In der Sprechanlage meldete sich das Kind.

»Margit?« fragte Robert.

»Ja?«

»Hier ist – du hast doch gerade jemanden angerufen. Vor zehn Minuten. Ich bin es, den du angerufen hast. Du hast mir gesagt, wo du wohnst, da habe ich mir gedacht, fahr mal schnell vorbei und sag guten Abend und frag, wie es geht.«

Nur Atmen in der Sprechanlage.

»Hallo?«

»Ja ...«

»Hast du noch Angst? Wenn du nämlich keine hast, dann gehe ich wieder. Ich habe nämlich was vor ...«

Keine Antwort. Aber dafür ging der Türöffner. »Ich soll raufkommen?« fragte Robert.

Keine Antwort.

»Na gut, dann komme ich. Aber nur ganz kurz.«

Das Kind öffnete die Tür. Ein Mädchen. Etwa acht Jahre alt. Lange blonde Haare, Augen, die noch naß waren, Tränenspuren auf den Wangen.

Robert beugte sich hinunter. »War es denn so schlimm? Daß du so sehr geweint hast ...?«

Das Kind nahm seine Hand, zog ihn in die Wohnung herein.

»Ganz kurz nur«, sagte Robert, »ich bring dich wieder ins Bett.«

Die Wohnung war klein, nicht besonders elegant. Aber das Kind hatte ein eigenes Zimmer.

Es war bemerkenswert munter geworden, ließ Robert nicht los, legte sich zwar ins Bett, aber forderte Robert auf: »Liest du mir etwas vor?«

»Du solltest jetzt schlafen«, widersprach Robert schwach, »du hast keinen Grund mehr, Angst zu haben.«

Aber sie ließ nicht locker, bis er ein Buch holte und ihr eine Geschichte vorzulesen begann.

Um Himmels willen, dachte er, in was für eine Situation bin ich da reingeraten, sitze in einer fremden Wohnung, hereingelassen von einem Kind, dem ich nun eine Geschichte vorlesen muß.

Aber er las die Geschichte vor, die ihn schließlich sogar zu interessieren begann, worüber er sich wieder wunderte. »Da sagte der Fuchs zum Hasen: Höchste Zeit, daß wir uns hier aus dem Staube machen. Ach, sagte der Hase, Jagd ist überall. Jaja, nickte der Fuchs, man ist in dieser Welt nicht einen Augenblick seines Lebens sicher …«

Das Kind schlief ein.

Erleichtert wollte Robert aufstehen, als er die Wohnungstür gehen hörte. Eine junge Frau kam herein, blieb erschrokken stehen, als sie den fremden Mann in der Wohnung sah.

Robert legte sofort den Finger an den Mund.

Es fiel ihm nur ein, zu sagen: »Sie ist gerade eingeschlafen.« Er ging hinaus, zog die Tür des Kinderzimmers hinter sich zu.

»Wer sind Sie?« fragte die junge Frau. »Was machen Sie hier? Wie kommen Sie hier herein?«

»Ganz einfach«, erklärte Robert, »Ihre Tochter hat mich reingelassen. Sie hat nämlich angerufen.«

»Angerufen?«

»Sie habe Angst vor der Dunkelheit. Sie hat schrecklich geweint.«

Die junge Frau beruhigte sich ein wenig.

»Jaja«, murmelte sie, »ich weiß, daß sie manchmal nachts irgendwelche Leute anruft und ihnen etwas vorweint.«

»Sie macht das öfter?«

»Ja, aber die meisten Leute legen einfach auf.«

»Ah so, na ja.«

»Sie sind der erste, der etwas unternommen hat.« Sie sah ihn groß an: »Warum?«

Robert hob die Schultern. »Ich weiß nicht. Es war so merkwürdig, nachts ein Anruf, ein Hilferuf von einem Kind …«

»Sie haben nach der Adresse gefragt?«

»Ja.«

»Die sie Ihnen sofort gegeben hat?«

»Ja, sie dachte sich nichts dabei.« Er setzte eilig hinzu: »Ich bin mit Ihnen der Meinung, daß sie das nicht tun sollte. Sie sollte vorsichtiger sein und auch niemanden in die Wohnung lassen.«

Die junge Frau atmete auf, zeigte eine gewisse Hilflosigkeit. »Ich kann es doch nicht ändern. Zweimal in der Woche habe ich bis in die Nacht Dienst. Es gibt keinen Ausweg. Sie muß es aushalten, nachts allein zu sein.«

Sie fügte hinzu: »Furcht ist etwas, woran man sich gewöhnen muß.« Und nach einer Weile: »Furcht habe ich auch.«

Robert lächelte. »In der Küche habe ich eine Flasche Whisky gesehen. Trinken wir ein Glas zusammen? Ich kann Ihnen ja nicht auch noch Märchen vorlesen.«

Die junge Frau gewann ihre Laune zurück, lachte. »Außerdem glaube ich nicht an Märchen.«

»Nein?« fragte Robert. »Ich habe gerade wieder angefangen, daran zu glauben.« Er zitierte: »›Wir alle müssen sehen, sagte der Fuchs zum Hasen, daß wir davonkommen …‹«

Robert kam ungefähr eine Stunde zu spät zu der Gesellschaft, die man eigens für ihn arrangiert hatte.

Als er eintrat, wandten sich ihm alle Leute zu, die Herren in seriösem Schwarz, die Damen passend dazu.

»Da ist er ja«, rief man und lächelte ihm zu. Sogar Barbara, die auf einem Sofa saß, lächelte, stand auf und kam auf ihn zu.

»Ich habe ihnen die Wahrheit gesagt«, flüsterte sie.

Aber da nahm ihn schon sein Chef beiseite. »Was höre ich da? Sie sind losgegangen, ein Kind zu trösten, das Angst hatte …?«

»Ja«, sagte Robert ein wenig unsicher. »Ich bitte um Entschuldigung.«

»Aber ich bitte Sie«, sagte der Chef herzlich, »das finde ich ja großartig.«

Er beugte sich vor, lächelte. »Wissen Sie, wir alle haben wohl manchmal nachts Angst.«

Er machte eine Pause.

»Aber wen sollen wir anrufen?«

Ein hinreissender Lehrer

Studienrat Dr. Meinhard betrat das Lehrerzimmer. Er ging an seinen Schrank, um die Bücher herauszuholen, die er für die nächste Unterrichtsstunde brauchte.

Da sprach ihn eine Kollegin an, Dr. Rosemarie Hoffmann, sehr jung, sehr gut aussehend, lange blonde Haare.

»Kann ich Sie mal sprechen?« fragte Frau Dr. Hoffmann.

»Immer ...«, sagte Meinhard und lächelte, »für Sie habe ich immer Zeit.

»Es könnte wichtig sein.«

»Alles, was Sie sagen, ist wichtig für mich.« Wieder lächelte Doktor Meinhard.

Sie lächelte zurück. »Der Charme, den Sie haben, der Charme!«

»Was habe ich?« reagierte Meinhard verdutzt.

»Hinreißenden Charme«, sagte Frau Dr. Hoffmann betont.

»Hm ...«, meinte Meinhard, »war es das, was Sie sagen wollten?«

»Nein, nein, es sind nicht meine Worte. So spricht man in Ihrer Klasse. Die Mädchen sind sich einig darüber: Doktor Meinhard ist hinreißend.«

Der junge Lehrer lachte vergnügt. »Ist daran irgendwas schlecht?«

»Ich weiß nicht …«, erwiderte die Kollegin und gab ihrer Stimme einen Anflug von Ironie. »Die Verehrung mag Ihnen zustehen, aber sie ist möglicherweise auch gefährlich.«

»Was kann daran gefährlich sein?«

»Mir ist da was zu Ohren gekommen, man hat ein Attentat auf Sie vor.«

»Ein Attentat?« sagte der junge Lehrer verdutzt.

»Ja«, sagte die Kollegin trocken, »irgendeine liebestolle Schülerin ist Ihrem hinreißenden Charme erlegen und will Ihnen eine Falle stellen.«

»Eine Falle?«

»Ja, eine Falle, eine Mausefalle. Sie klappt zu, und Sie sind drin.« Die junge Lehrerin lachte ihren Kollegen an und ließ ihn allein.

Meinhard dachte nach. Eine Klasse voller Mädchen. Im schönsten Alter. Siebzehn Jahre.

Und eine davon war – was hatte die Kollegin gesagt? Liebestoll? Na, na, na, so schlimm wird es wohl nicht sein.

Und wie will man mir eine Falle stellen? Und wie soll sie zuklappen?

Er schüttelte den Kopf, verließ das Lehrerzimmer und ging über den Gang auf die Klasse zu, in der er Unterricht zu geben hatte.

Die Mädchen erwarteten ihn schon.

Einige standen draußen auf dem Flur, riefen in die Klasse zurück: »Er kommt.«

Meinhard hatte das Klassenzimmer noch nicht erreicht, als sich die Tür des Klassenzimmers davor öffnete. In der offenen Tür stand Christa, ein junges Mädchen aus seiner Klasse.

»Herr Doktor«, rief Christa, »kommen Sie mal …«

»Was machen Sie denn da?« fragte Meinhard. »Warum sind Sie nicht in Ihrem Klassenzimmer?«

»Bitte«, sagte Christa.

Meinhard betrat das Klassenzimmer. Es war völlig leer. Das junge Mädchen wandte sich blitzschnell um, schloß die Tür ab, hielt den Schlüssel in der krampfhaft geschlossenen Hand.

»Christa«, sagte der junge Lehrer mit einer Stimme, in der mehr Verwunderung als Schrecken lag.

Und Christa stieß hervor: »Ich liebe Sie.«

»Geben Sie den Schlüssel her.«

»Nein, ich gebe ihn nicht her«, sagte das junge Mädchen.

»Bitte, Christa, den Schlüssel …«

Das Mädchen sah ihn mit blitzenden Augen an, ihre Erregung war sichtbar, sie atmete heftig.

Kein normaler Zustand, dachte der junge Lehrer besorgt und fühlte so etwas wie Furcht in sich aufsteigen.

»Wenn Sie mir den Schlüssel wegnehmen, dann schreie ich um Hilfe und reiße mir die Kleider vom Leib.«

Die Falle, dachte Meinhard, das ist sie, die Mausefalle. Sie ist zugeklappt, und ich bin drin.

Der junge Lehrer sah sich um, suchte nach einem Ausweg. Das Mädchen starrte ihn an, atmete heftig.

»Hm«, sagte Meinhard, fuhr leise fort: »Ist es so schlimm?«

»Ja, und ich tue, was ich gesagt habe. Mir ist alles egal.«

»Was soll ich denn tun?«

Christa setzte sich in eine Bank. »Setzen Sie sich zu mir.«

Der junge Lehrer zögerte, dann setzte er sich zu dem Mädchen auf die Bank.

Sie flüsterte: »Umarmen Sie mich …«

Meinhard saß ganz ruhig, murmelte: »Ich hatte keine Ahnung, Christa.«

»Haben Sie es nie bemerkt?« rief sie. »Alle in der Klasse haben es gemerkt. Sie haben mich aufgezogen damit …«

»Nein, ich habe es nicht bemerkt«, sagte er langsam, machte eine Pause, begann zu lächeln, »obwohl Sie mir natürlich aufgefallen sind, weil Sie – hübsch sind, ganz ungewöhnlich hübsch, und weil ich Sie sympathisch fand …«

»Mich? Sympathisch?«

»Ja, ich durfte meine Sympathie nicht zeigen, natürlich nicht, aber sie war – immer vorhanden.«

»Immer vorhanden«, flüsterte das Mädchen, »Sympathie?«

»Vielleicht sogar mehr als das.«

»Mehr als das …«

»Ich weiß, daß ich das nicht sagen sollte.«

»Sagen Sie es nur …«, flüsterte sie.

»Ich müßte von – Gefühl sprechen.«

»Ja, bitte.«

»Von einem ganz spontanen Gefühl, das man nicht unterdrücken kann. Soll ich Ihnen sagen, was ich dachte? Ich dachte: Was für ein Mädchen, diese Christa.«

Christa war ganz benommen, sie wiederholte: »Was für ein …?«

»Ja, was für ein Mädchen. Wie glücklich muß der sein, der dieses Mädchen lieben darf.«

»Lieben darf …«

»Ja, lieben darf«, sagte der junge Lehrer, sah das Mädchen neben sich fast ein wenig bekümmert an, holte dann Luft: »Aber wie konnte ich sie lieben? Ein so hübsches Mädchen ...«, und dann ganz streng: »und eine so schlechte Schülerin.«

Sie sah ihn betroffen an.

Er fuhr fort, fließender: »Die Dinge mögen nichts miteinander zu tun haben. Aber für mich ja, für mich natürlich ja. Das begehrenswerteste Mädchen der Klasse ...«, er holte wieder Atem, »ist zugleich die schlechteste Schülerin.«

Christa saß wie betäubt.

»Neulich noch«, fuhr der junge Lehrer fort, »Geschichte. Sie haben Alexander den Großen zum römischen Kaiser gemacht. Und als ich sagte: Das war er nicht, das war er mitnichten, dann haben Sie ihn zu einem Ägypter gemacht, in einer vagen Erinnerung an Alexandria.«

Mit betrübter Stimme fuhr er fort: »Aber das ist nur ein Fall. Pythagoras ist für Sie ein griechisches Versmaß, ein unbewußtes Anzeichen vielleicht von innerer Abwehr gegen Mathematik. Und in Deutsch – um jetzt davon zu reden – unterstellen Sie Schiller, Minna von Barnhelm geschrieben zu haben. Der Mann hat weiß Gott genug geschrieben – aber die Minna nicht.«

Er lächelte das Mädchen an. »Ihr Heft, Christa, erkenne ich an der Handschrift. Freude erfüllt mich, bis ich – nun ja, bis ich das Heft aufschlage und die Freude umschlägt in – ja, in was? In Ernüchterung. Kein Gefühl erträgt auf die Dauer, stetig der Ernüchterung weichen zu müssen ...«

Lange Pause.

Christa sah den geliebten Lehrer an und flüsterte: »Und wenn ich mich anstrenge?«

Langsam beugte sich der junge Lehrer vor, gab ihr einen leichten Kuß auf die Wange.

Christa begann zu lächeln, das Lächeln kam aus großer Tiefe und ganz von selbst.

Sie fragte: »Wer hat denn nun die Minna geschrieben?«

»Lessing«, sagte der junge Lehrer, erhob sich und fragte: »Gehen wir nun?«

Das Mädchen stand auf, wie abwesend, schien aber plötzlich erfüllt zu sein von innerer Freude.

Christa schloß die Tür auf, Studienrat Dr. Meinhard betrat den Flur, sah sich der ganzen Klasse gegenüber.

»Bitte, meine Damen«, sagte der junge Lehrer, »zum Unterricht, wir haben schon viel Zeit verloren.«

Und er atmete auf und dachte: Wie gut hat es die Maus, die den Speck nicht gefressen hat.

Der Gedanke ließ ihn lächeln. Und sein Lächeln fanden alle wie immer hinreißend.

Und keiner der Herren beschwerte sich

Zwei Herren betraten die Hotelhalle.
Es war Abend. Die beiden Herren, Hotelgäste, kannten sich nicht. Sie kamen herein, holten sich ihre Zimmerschlüssel von der Rezeption und gingen zum Fahrstuhl.

Der eine, Herr Habermann, war ganz in düsteren Gedanken versunken. Er hatte einen Arbeitstag hinter sich, der ihm nicht gefallen hatte. In einer Reihe von Konferenzen war er zermürbt worden, und nun trug er in seiner Aktentasche, die er fest umklammert hielt, einen Wust von Akten, Notizen, Mitteilungen, deren Inhalt immer noch in seinem Kopf herumkreiste.

Der andere Herr, ein gewisser Groll, zeigte dagegen eine ziemlich vergnügte Miene. Auch er war in Geschäften unterwegs gewesen, sie waren alle überaus erfolgreich verlaufen, überaus erfolgreich. Herr Groll, der mit federnden Schritten den Fahrstuhl betrat, hielt sich für den Glückspilz des Tages.

»Guten Abend«, grüßte er herzlich Herrn Habermann, der sich schon im Fahrstuhl befand und Herrn Groll nur düster anstarrte.

»Ich muß in den zweiten …«, sagte Groll lebhaft.

»Ich auch. Ich habe schon gedrückt«, sagte Habermann in einem Ton, der mitteilte: Ich wünsche keine Gespräche.

Stumm fuhren sie hinauf.

Beim Aussteigen überließ Groll Habermann den Vortritt, beide schlugen die gleiche Richtung ein. Habermann schloß sein Zimmer auf.

Aha, dachte Groll, mein Zimmernachbar. Eine Tür weiter blieb er stehen, holte den Schlüssel aus der Tasche.

Habermann stand abwesend in seinem Zimmer, wie jemand, der endlich einen Fluchtpunkt gefunden hatte, der Welt entkommen war.

Er seufzte tief auf, legte die Aktentasche beiseite, wobei er sie finster musterte

Dann ging er ans Telefon.

Er fragte den Portier: »Sagen Sie, kann ich jetzt noch eine Schreibkraft bekommen? Ich habe zu arbeiten, etwa eine Stunde lang Diktat.«

»Selbstverständlich«, sagte der Portier, »Ihre Zimmernummer, bitte?«

»Zweihundertzehn.«

Habermann legte auf, blieb eine Weile schlaff und wie ausgebrannt stehen.

Zur gleichen Zeit hob Herr Groll im Nebenzimmer den Hörer ab, ließ sich den Portier geben.

»Ich habe mal eine Frage«, sagte er vergnügt, »ich bin ganz fremd hier, hätte aber Lust, noch auszugehen, ein bißchen Musik zu hören, vielleicht auch ein bißchen zu tanzen. Haben Sie eine Hosteß im Hotel, die mitgeht, Bescheid weiß, gute Laune hat und mir den Abend – ein bißchen lebendiger macht?« Er lachte. »Ich komme gerade aus einer Sitzung. Ich habe was zu feiern, wissen Sie ...«

»Ja, da haben wir jemanden«, sagte der Portier.

»Na, fabelhaft, schicken Sie mir die junge Dame herauf. Ich habe Zimmernummer zweihundertelf.«

Der Portier hatte die Nummer notiert, stand nun mit zwei Zetteln in der Hand da, betrachtete sie und sagte: »Einer will ausgehen, einer will arbeiten.«

Er reichte die Zettel den neben ihm stehenden jüngeren Kollegen und sagte: »Erledige das.«

»Wird gemacht«, sagte der junge Kollege und ging hinüber zur Schreibstube.

Die Sekretärin war gerade dabei, ihren Arbeitstag zu beenden.

»Noch Arbeit, Fräulein Mey. Zum Diktat in Zimmer …«

Er sah auf die Zettel, erst auf den einen, dann auf den anderen, war sich dann aber sicher: » … Zimmer zweihundertelf.«

»Hoffentlich ist es nicht mehr soviel«, sagte die Sekretärin.

»Überstunden«, sagte der Kollege fröhlich, »die werden besser bezahlt.«

»Das ist auch wieder wahr«, sagte die Sekretärin, ordnete ihre Kleider, überprüfte den strengen Sitz ihrer Haare, rückte die Brille zurecht, nahm den Stenoblock zur Hand. Dann fuhr sie hoch in die zweite Etage, suchte Zimmer zweihundertelf.

Groll hatte sich umgezogen, band gerade seine Krawatte, pfiff vergnügt vor sich hin.

»Kommen Sie herein!« rief er.

Die Sekretärin kam herein.

»Guten Abend«, sagte sie.

»Guten Abend«, gab Groll kräftig zurück, musterte sie von oben bis unten, lachte. »Nicht schlecht, nicht schlecht.«

»Wie meinen Sie?« fragte die Sekretärin etwas verdutzt.

»Na, was ich meine ...«, sagte Groll herzlich und mit kräftiger Stimme. »Ich meine, was ich sehe. Aussehen, Figur. Hübsch sehen Sie aus. Wie alt sind Sie?«

»Vierundzwanzig«, antwortete die Sekretärin gehorsam.

»Erlauben Sie mal?« fragte Groll, ging auf sie zu, nahm ihr behutsam die Brille ab.

»Brauchen Sie die Brille unbedingt?«

»Ich muß ja schließlich was sehen«, antwortete sie trokken.

Er lachte herzlich. »Da mache ich Ihnen einen Vorschlag. Sie sehen sich den Kerl an, mit dem Sie es zu tun haben, und dann stecken Sie die Brille weg. So sieht man doch Ihre Augen.«

»Meine Augen ...?« fragte sie etwas ratlos.

»Wissen Sie nicht, daß Sie hübsche Augen haben?«

»Na hören Sie«, wandte die Sekretärin ein, »ich weiß, daß ich ein wenig schiele.«

»Was tun Sie?« fragte er verdutzt, trat ein wenig zurück und sah sie an.

»Richtig, eine Spur, eine Winzigkeit, aber – es steht Ihnen.«

»Steht mir?« murmelte sie überrascht.

»So was steht nicht allen Leuten, aber Ihnen, ja – es verleiht Ihnen etwas, ich weiß nicht, wie ich es nennen soll – es macht Sie aufregend.«

»Aufregend?« Sie sah ihn überrascht an.

»Sagen Sie …«, fuhr er fort, »wie tragen Sie denn Ihre Haare?«

»So, daß sie nicht stören. Die meisten Herren legen Wert darauf …«

Er unterbrach sie: »Daß Sie Ihre Haare verstecken? Diese Haare? Sie färben sie doch nicht?«

»Aber nein!«

»Und das sieht man. Ihre Haare haben natürlichen Glanz, der ja der schönste ist. Tun Sie mir einen Gefallen? Lassen Sie die Haare mal runter?« Er beteuerte: »Nur, wenn es Ihnen nichts ausmacht.«

Sie sah ihn ebenso verwundert wie aufmerksam an, zögerte ein wenig, dann hob sie die Arme, nestelte an ihrer Frisur.

Die Haare fielen herunter.

»Was habe ich gesagt?« rief Groll. »Sie haben um hundert Prozent gewonnen. Sie sehen fabelhaft aus.«

»Danke«, sagte die Sekretärin und konnte nicht verhindern, daß sie begann, sich wohl zu fühlen. »Sie sind sehr liebenswürdig ...«

Groll lachte. »Das ist erst der Anfang. Lassen Sie mich mal in Fahrt kommen. Trinken wir erst mal was?«

»Wollen wir nicht anfangen zu arbeiten?«

»Aber, aber!« lachte er. »Ich würde das doch nicht Arbeit nennen. Gut, Sie verdienen Ihr Geld damit, aber es kommt ja auch ein bißchen darauf an, für wen man – tätig ist.«

»Ja, das ist richtig«, sagte die Sekretärin.

»Mit mir kommt man großartig aus«, beteuerte Groll, »Sie werden Ihren Spaß haben. Wir trinken jetzt was, und dann gehen wir los. Erst mal anständig essen.«

»Ja, wollen Sie denn nicht diktieren?«

»Nein«, lachte Groll, »*wohin* wir gehen, das sagen *Sie*. Ich kenne mich hier nicht aus. Anständig essen, sagte ich – Austern, Schnecken, italienisch oder chinesisch –, mir ist alles recht.«

Er sah, daß sie zögerte.

»Ist etwas nicht in Ordnung?«

»Doch«, sagte sie dann fest, nahm ihre Brille, klappte sie zusammen, steckte sie ihm in die Brusttasche und sagte: »Die Speisekarte lesen *Sie*.«

Fast zur gleichen Zeit geschah im Zimmer nebenan folgendes:

Es hatte geklopft. Habermann rief: »Herein.«

Ein hübsches junges Mädchen trat herein.

»Schönen guten Abend«, sagte die Hosteß.

Habermann starrte sie an.

»Wie bitte?« murmelte er.

»Ich sagte schönen guten Abend.«

»Guten Abend«, erwiderte Habermann kurz, »bitte kommen Sie herein.«

Die Hosteß trat ein. Sie trug ein Kleid, das man fast als verwegen bezeichnen konnte, der oberste Knopf stand offen, ließ den Ansatz ihrer Brust sehen. Die Haare fielen lang herunter, und sie verstand damit umzugehen, sie schwenkte den Kopf, daß die Haare nur so flogen.

Ein rundum gutgelauntes Mädchen.

Habermann stieß hervor: »Wie sehen *Sie* denn aus?«

»Wie meinen Sie?« reagierte sie verdutzt.

»Na, wie Sie aussehen, frage ich. Ist das Ihre Berufskleidung?«

»Ja«, erklärte sie überrascht, »gefällt Ihnen nicht, was ich anhabe?«

»Gefallen, gefallen«, knurrte Habermann, »mir ist egal, was Sie anhaben.«

»Aber nein«, sagte die Hosteß resolut, »das sollte Ihnen nicht egal sein! Ich kann mich sofort umziehen.«

»Bleiben Sie nur so«, sagte Habermann ärgerlich. »Etwas auffällig, wie Sie sich anziehen.«

»Gewöhnlich haben die Herren das sehr gerne.« Sie war wirklich irritiert, sah an sich herunter.

»Oh«, sagte sie, »soll ich den Knopf zumachen?«

»Der Knopf interessiert mich nicht«, sagte Habermann.

Sie sah ihn besorgt an.

»Sie sind schlecht gelaunt.«

»Ja, das bin ich.« Habermann nickte düster.

Die Hosteß lachte. »Das müssen wir wegkriegen. Das ist mal das erste. Haben Sie sich schon bedient, aus dem Barschrank?« Sie ging zur Minibar, sank anmutig in die Knie, öffnete die Bar.

»Was wollen Sie? Einen Whisky? Oder eine Flasche Sekt?« Sie entschied: »Sekt ist besser. Der Alkohol geht schneller ins Blut.«

»Danke, ich möchte nichts trinken«, sagte Habermann betont.

»Aber es wird Ihnen helfen. Ich mache das mit den meisten Herren so. Vorweg wird erst etwas getrunken.«

Habermann staunte sie an.

»Vorweg wird etwas – getrunken?« Er holte Luft. »Sagen Sie, was für eine Arbeitsauffassung haben Sie eigentlich?«

»Wie meinen Sie?« wunderte sie sich. »Ich nehme meinen Beruf ernst. Er verlangt Menschenkenntnis, und die habe ich. Ich sehe auf den ersten Blick, daß Sie deprimiert sind.«

»Ja, das bin ich«, sagte Habermann erbittert, zeigte auf die ausgepackten Papiere. »Sie sehen da Geschäftspapiere, Sitzungsprotokolle, Notizen, die ich mir gemacht habe, die ich übertragen muß. Ich muß mich rechtfertigen, Vorwürfe zurückweisen, eine Entgegnung verfassen …«

»In diesem Zustand«, staunte sie.

»In was für einem Zustand bin ich denn?« gab er grob zurück.

»Viel zu wütend, viel zu aufgeregt. In keinem Zustand, um eine vernünftige Entgegnung abzufassen, eine Entgegnung, die hieb- und stichfest ist, die Ihre Gegner zum Schweigen bringt.«

Sie lachte, hob ihre Hand, fragte: »Darf ich mal?«

Sie umfaßte seinen Nacken.

»Was machen Sie da?« fragte er verstört.

»Ich spüre, wie verspannt Sie sind.«

Sie nahm die Hand zurück.

»Also, wir gehen jetzt los. Wir werden ein gutes Abendessen haben, eine Flasche Wein trinken, und Sie werden mir Ihren Kummer erzählen. Und zusammen werden wir ...«, sie flüsterte jetzt, strahlte ihn an, »Ihre Gegner vernichten.«

Habermann stand wie ein Schlafwandler.

»Hallo ...«, sagte die Hosteß.

Habermann tat einen tiefen Atemzug, sagte lakonisch: »Öffnen Sie die Flasche Sekt.«

Am nächsten Morgen sah der Portier die beiden Zettel mit der Erledigtnotiz des jüngeren Kollegen.

Er rief ihn her und sagte: »Was hast du denn da gemacht? Du hast ja die Zimmernummern vertauscht.«

»Habe ich?« fragte der jüngere Kollege.

»Hm ...«, murmelte der Portier, »merkwürdig. Und keiner der Herren hat sich beschwert.«

Die optischen Gesetze

Eine Eisbude in der Nähe einer Schule.

Sie war umlagert von Schulkindern, von Jungen und Mädchen, die Eis gekauft hatten, nun herumstanden, lachten, redeten, sich stießen, miteinander balgen. Man kennt das ja, wer kennt es nicht? Auch der alte Herr, der an die Eisbude herantrat, kannte das, wenngleich die Erinnerung an seine Schulzeit lange zurücklag, denn der alte Herr war siebzig.

Er fragte den Eisbudenbesitzer nach einem Streichholz für seine Zigarre.

»Tut mir leid«, sagte der Mann, »ich selber rauche nicht, und in einer Eisbude ...«, er lachte, »braucht man ja kein Feuer.«

In diesem Augenblick hob ein Junge eine Schultasche vom Boden, zeigte sie. »Hier hat jemand seine Schultasche liegenlassen.«

»Laß sie liegen«, sagte der Eismann.

Der alte Herr ging über die Straße, betrat ein Tabakgeschäft, ließ sich seine Zigarre anzünden und kam wieder an der Eisbude vorbei.

Der Eismann machte Mittagspause, verschloß seinen Kiosk.

»Die Schultasche liegt ja immer noch da«, sagte der alte Mann.

Der Eismann zuckte mit den Schultern, meinte nur: »Für viel Interesse an der Schule spricht das nicht.«

Der alte Herr hob die Schultasche auf, nahm sie mit, setzte sich auf eine Bank und öffnete sie.

Die üblichen Schulbücher, Schulhefte.

Der alte Herr schlug eins auf. Zahlen, Algebra, Gleichungen. Die Zahlen standen krumm und schief wie Soldaten, die unlustig in eine Schlacht marschieren.

Ein weiteres Heft. Ein deutscher Aufsatz: »Der Rhein – Grenze oder Verbindung zwischen zwei Völkern?«

Die Handschrift etwas unfertig, krakelig. Komisch, dachte der alte Herr, woran sieht man, daß es ein Mädchen ist, das so schreibt?

Er suchte den Namen. Charlotte Hentze. Die Adresse fand er mit Tintenschrift eingetragen auf der Innenseite des Leders: Am Limbach 12.

Der alte Herr nahm ein Taxi, fuhr zum Limbach und stand schließlich vor einem modernen Apartmenthaus. Er entdeckte den Namen Hentze, fuhr mit dem Fahrstuhl hinauf und klingelte an der Wohnungstür.

»Wer ist da?« fragte eine Kinderstimme durch die geschlossene Tür hindurch.

»Ich habe hier eine Schultasche gefunden«, sagte der alte Herr.

Die Tür wurde aufgemacht, aber durch eine Sperrkette gehalten. Ein Mädchengesicht, braune Haare, helle Augen, eine Stupsnase, ein paar Sommersprossen.

Der alte Herr zeigte die Tasche.

Das Mädchen schloß die Tür, um die Kette zu entfernen, öffnete die Tür ganz.

»Ja, das ist meine Tasche. Ich hatte sie verloren und wußte nicht, wo.«

»An der Eisbude«, sagte der alte Herr und überreichte die Tasche.

Das Mädchen bedankte sich. »Das ist sehr freundlich von Ihnen«, sagte es ganz ernsthaft und höflich, »es ist ein so weiter Weg.«

»Nicht so schlimm«, meinte der alte Herr, »ich habe ein Taxi genommen.«

Er verabschiedete sich, ging zum Fahrstuhl, als die Tür sich noch einmal öffnete.

»Sie sagten, Sie sind mit dem Taxi gekommen?«

»Ja.«

»Da haben Sie Unkosten gehabt, die ich Ihnen ersetzen möchte.«

Der alte Herr lachte. »Nicht nötig.«

»Darf ich Ihnen etwas zu trinken anbieten?«

»Zu trinken ...?« wunderte sich der alte Herr.

»Wenn Sie einen Moment hereinkommen wollen. Es wäre unhöflich, wenn ich Sie so gehen lassen würde.«

Der alte Herr überlegte, lächelte dann. »Zwei Minuten habe ich Zeit.«

Eine nette Wohnung, ein wenig konventionell und unpersönlich.

»Bist du allein zu Haus?«

»Ja, meine Eltern arbeiten beide. Sie kommen erst abends. Wollen Sie Alkohol? Es ist alles hier.« Das Mädchen, etwa zwölf Jahre alt, ging an einen Schrank, öffnete ihn.

»Hm«, sagte der alte Herr, »da ist ja alles mögliche. Gib mir einen kleinen Port.«

Er bekam einen kleinen Port, sah das Kind an und sagte: »Du bist etwas leichtsinnig, daß du Fremde in die Wohnung läßt.«

»Nein«, erwiderte sie, »ich lasse niemanden in die Wohnung. Bei Ihnen ist das etwas anderes. Sie haben mir die Tasche gebracht …«

Ernsthaft fügte sie hinzu: »Und Sie sehen nicht aus wie jemand, vor dem man Angst haben muß.«

Der alte Herr lächelte. »Dafür sage *ich* jetzt danke schön.« Er fuhr fort: »Sag mal, ich habe da in deine Schulhefte reingesehen. Mußte ich ja, ich habe nach einer Anschrift gesucht. In Mathematik bist du nicht besonders.«

»Nein, aber Mathematik ist auch schwer.«

»Mathematik ist gar nicht schwer, weil Mathematik logisch ist. Und alles, was logisch ist, kann gar nicht schwer sein …«

Sie lachte. »Das sagen Sie. Haben Sie sich mal die Hausaufgaben angesehen?«

»Ich mache dir einen Vorschlag«, erklärte der alte Herr, »ich helfe dir jetzt dabei. Mir macht Mathematik keine Schwierigkeiten. Ich war mal Ingenieur. Ich habe mein Leben lang gerechnet.«

»Das wollen Sie tun?«

»Ich habe so viel Zeit«, sagte der alte Herr und zog seinen Mantel aus.

Die Schüler strömten aus der Schule.

Der alte Herr sah das Mädchen auf sich zukommen.

Sie stand vor ihm und lachte. »Kein Fehler. Sie können ja wirklich rechnen.«

Sie gingen an der Eisbude vorbei, setzten sich auf die Bank am Rand der Anlage und besprachen die Schulaufgaben.

Die optischen Gesetze.

»Also ...«, sagte der alte Herr, »man unterscheidet zwischen geometrischer und physikalischer Optik. Die geometrische Optik umfaßt alle Erscheinungen, bei denen der Wellencharakter vernachlässigt werden kann ...«

Er sah das Mädchen nachdenklich an.

»Du verstehst mich nicht?«

Sie schüttelte den Kopf.

»Komm mit«, sagte er, »ich muß dir das genau erklären.«

Er hielt ein Taxi an und fuhr mit dem Kind zu sich nach Hause.

Er schloß das Haus auf.

Das Kind sah sich um.

»Das ist ja ein ganzes Haus.«

»Ja, ein ganzes Haus.«

»Wohnen Sie hier ganz allein?«

»Ja«, murmelte der alte Herr, »ich bin in diesem Haus übriggeblieben. Wir waren viele in diesem Haus, meine Frau, drei Kinder.«

»Wo sind die denn jetzt?«

Der alte Herr war auf einmal ein wenig hilflos. »Meine Frau ist gestorben, die Kinder sind – ja, wo sind Kinder, wenn sie groß sind? Nicht mehr im Haus.«

Lebhaft sagte er: »Jetzt frage ich *dich*, ob du etwas trinken willst.«

»Haben Sie eine Cola?«

Nein, die hatte der alte Herr nicht, sagte aber: »Die besorge ich. Du sollst deine Cola kriegen.«

Das Mädchen sah sich um und entdeckte ein Klavier. »Sie können Klavier spielen?« Ihre Augen blitzten auf. »Darf ich mal probieren?«

Er schlug den Deckel auf.

Sie setzte sich davor mit strahlenden Augen.

»Ich möchte so gerne Klavier spielen. Ich hätte so viel Zeit zum Üben. Weil ich nachmittags doch allein bin.«

»Wenn du so viel Lust hast«, sagte der alte Herr, »ich bring's dir bei …« Er zögerte einen Moment, sagte dann: »Ich schenke dir das Klavier.«

Das Mädchen sah ihn verwundert an. »Sie schenken mir ein Klavier …?«

»Warum nicht? Es kann hier stehenbleiben, aber gehören tut es dir.« Er atmete auf. »So, und jetzt gehen wir an die optischen Gesetze.«

Wieder verließen die Schüler die Schule.

Der alte Herr stand auf der anderen Straßenseite und sah dem Mädchen erwartungsvoll entgegen.

Sie kam über die Straße gelaufen, stand vor dem alten Herrn. »Alles in Ordnung«, sagte sie und strahlte, »Doktor Stockbauer war ganz verwundert, daß ich alles begriffen habe.«

»Der soll sich ruhig wundern«, sagte der alte Herr. Er zeigte seinen Fotoapparat.

»Wir gehen jetzt ein paar Bilder machen, mit diesem Apparat hier. In dem die optischen Gesetze ja angewendet werden. Ich werde dir erklären …«

Sie gingen in den Zoo und fotografierten.

»Nimm die Spiegelung mit«, sagte der alte Herr, als sie bei

den Flamingos waren, die rosafarben und langbeinig im Wasser standen.

Charlotte war lebhaft, und während sie weitergingen, faßte sie mit der Hand nach der Hand des alten Herrn, der die Hand nahm und nicht losließ.

Es war ein vergnügter Nachmittag. Beide lachten viel, und der alte Herr wunderte sich ein wenig, denn er hatte sich lange nicht mehr lachen hören.

Der alte Herr öffnete seine Haustür. Ein Mann stand auf der Schwelle, groß, ein kräftiger Mann. Ein Hauch von Drohung lag in der Luft.

»Mein Name ist Hentze. Ich bin der Vater von Charlotte.«

»Ah«, sagte der alte Herr freundlich, »kommen Sie herein.«

Hentze kam herein, maß den alten Herrn drohend.

»Sie sind das also ...«, stieß er hervor, »der Mann, der meine Tochter jeden Tag von der Schule abholt. Ist das richtig?«

»Ja, das ist richtig.«

»Ja, und ...«, rief der kräftige junge Mann, »was bedeutet das? Ein alter Mann wie Sie – holt eine Zwölfjährige von der Schule ab?«

»Nun«, murmelte der alte Herr, »was soll es bedeuten?«

»Sie fahren mit ihr im Taxi herum, haben sie ...«, seine Stimme wurde schärfer, »mitgenommen in dieses Haus. Haben ihr ein Klavier geschenkt!«

»Jetzt hören Sie mal ...«, sagte der alte Herr, »wenn Sie nicht zu mir gekommen wären, wäre ich zu Ihnen gekommen. Wollen Sie was trinken?«

»Danke, ich trinke nichts«, sagte der Mann hart.

»Dann hören Sie mir wenigstens zu«, sagte der alte Mann ruhig. »Ich bin siebzig, ich lebe allein, meine Frau ist gestorben, meine Kinder sind aus dem Haus.« Er machte eine Bewegung. »Und habe dies und Zeit, viel Zeit. Die *Sie* nicht haben. Sie haben keine Zeit, sich um Ihr Kind zu kümmern. Ich hatte sie früher auch nicht, habe mich nicht um *meine* Kinder gekümmert. Die Gründe waren – Arbeit, Arbeit, Karriere, Vorwärtskommen. Die Gründe, die auch Sie haben.«

Fast streng fragte er: »Ist es so?«

»Natürlich ist es so ...«, murmelte Hentze, »wir müssen beide arbeiten, meine Frau und ich. Wir können uns nicht so um Charlotte kümmern, wie es nötig wäre.«

»Und wie sie es verdient«, sagte der alte Herr, »weil sie so viel in sich hat, das verdient, hervorgeholt zu werden – Fähigkeiten, Begabungen, Träume. Ja, auch Träume. Man muß ihnen herüberhelfen über die Traumschwelle – so, wie ich alter Mann zum Traum zurückfinden muß, zurückgefunden habe.«

Er lächelte. »Ich helfe ihr ein bißchen, und sie hilft mir.« Er fügte hinzu: »Mehr als ich ihr.«

»Hm«, sagte Hentze, sah den alten Herrn lange und aufmerksam an. »Jetzt hätte ich doch Lust, mit Ihnen was zu trinken.«

Personenkontrolle

Gerda Weinert ging nervös auf und ab. Immer wieder lauschte sie in Richtung Badezimmer, aus dem erstickte Geräusche kamen. Sie hielt es schließlich nicht mehr aus, klopfte an die Tür.

»Mach auf, Gisela. Du weinst doch nicht etwa?«

Ein halb trotziges Schluchzen antwortete ihr. »Doch, ich weine. Und ich habe Grund dazu.«

Die Tür öffnete sich. Gisela kam zum Vorschein, die Haare hingen ihr ein wenig in die Stirn, die Augen waren naß, die Wangen waren naß.

»Aber Kind«, sagte Frau Weinert behutsam, »der Mann ist doch viel zu alt für dich! Er ist fünfundzwanzig Jahre älter als du.«

»Achtundzwanzig«, sagte das Mädchen, »achtundzwanzig Jahre.« Sie holte Atem und setzte hinzu: »Und drei Monate.«

»Die drei Monate würden mich nicht stören«, erwiderte Frau Weinert trocken und fuhr fort: »Du sagst, du liebst ihn. Entschuldige, Kind, ich will dir nicht weh tun, aber Liebe ist vorwiegend das, was man dafür hält. Eine Auslegungssache. Das hört sich etwas zynisch an, ist aber nicht so gemeint. Ich gestehe dir zu, gefühlsmäßig in Unordnung geraten zu sein, diesen Zustand akzeptiere ich, er ist – nuancenreich und widerfährt sehr vielen Menschen, die sich nicht Rechenschaft ablegen können über ihre wahren Gründe, Motive, da muß dann die Sammelerklärung ›Liebe‹ herhalten …«

»Sammelerklärung …?«

Gisela sah ihre Mutter an, aufgeregt, ärgerlich. Durch den leichten Tränenschleier hindurch bekamen ihre Augen etwas Blitzendes. Irgendwie war die Energie spürbar, die sie besaß und die ihre Mutter fürchtete.

Frau Weinert war sich klar darüber, daß sie einen schweren Kampf vor sich hatte.

»Überleg doch mal«, begann sie, »überleg und gebrauch dabei deinen Verstand. Achtundzwanzig Jahre! Das ist genau der Weg, junge Witwen zu machen.«

Gisela hob das Kinn und sagte: »Für Liebe gibt es keine Zeit.«

Gerda Weinert hielt für einen Moment den Atem an, wiederholte fast bewundernd: »Für Liebe gibt es keine Zeit? Das hört sich gut an.«

Widerwillig fügte sie hinzu: »Es hört sich sogar sehr gut an. – Ha er dir das gesagt?«

»Nein, es ist meine Erkenntnis.«

»Es ist genau die Art, wie ein Mann antworten würde, die Art, wie Männer ihren Verstand gebrauchen, um eben den Verstand auszuschalten.« Sie gab ihrer Tochter ein Taschentuch. »Hör auf zu weinen.«

Gisela holte tief Luft und sagte dann: »Ich heirate ihn, Mama.« Sie sah ihre Mutter fest an.

Frau Weinert lächelte und sagte: »Ja, glaubst du denn, ich hätte gedacht, da du so schnell aufgibst? Ich weiß sehr wohl, daß man sich von nichts schwerer trennen kann als von seinen Irrtümern.« Sie nahm ihre Tochter am Arm, führte sie ins Wohnzimmer. »Jetzt trinken wir erst mal was. Und dann sagst du mir, wo der Mann wohnt.«

»Wo er wohnt?«

Gisela sah ihre Mutter fast erschrocken an. »Willst du ihn vielleicht aufsuchen?«

»Darf ich ihn nicht kennenlernen, den Mann, der mein Schwiegersohn werden möchte?«

»Mama …«, fragte Gisela mit hoher Stimme, »du willst ihn doch nicht etwa einschüchtern?«

»Ich will ihn nicht einschüchtern, nur ansehen. Ich werde ganz vernünftig mit ihm reden.«

Gisela überlegte eine Weile, dann begann sie zu lächeln, hob die Schultern und sagte: »Einverstanden.«

Ein altes Einfamilienhaus. Jahrhundertwende. Ein Garten, der ein wenig verwildert war. Ein Eisentor, das schief in den Angeln hing und beim Öffnen ein sanftes Quietschen von sich gab.

Hm, dachte Gerda Weinert, ein altes Haus, ziemlich renovierungsbedürftig. Vielleicht so wie er selber. Na, wir werden ja sehen.

Ein Hausmädchen machte auf. Sieh da, sieh da, dachte Gerda Weinert, ein Hausmädchen hat er auch. Etwas zu jung, etwas zu sexy. Man sieht, was der Hausherr gern hat. Das Mädchen führte sie in ein gemütliches Wohnzimmer, Biedermeier. Hmhm, dachte Gerda Weinert, gediegen, gediegen. Die Möbel sind alt, aber das Leben will er jung.

Die Tür ging auf.

Ein Mann kam herein, ein älterer Mann, aber von Verfall keine Spur. Man sah es am Schwung, mit dem er hereinkam.

Er stand da, sah Frau Weinert lächelnd an, fragte: »Wirklich Frau Weinert? Die Mutter von Gisela?«

Er hob die Hand.

»Sagen Sie nichts. Sie sind es. Man sieht, daß Sie es sind.«

Er kam heran, nahm ihre Hand, drückte sie kräftig.

»Guten Tag und herzlich willkommen.«

Er führte sie tiefer ins Zimmer, war unbekümmert, lebhaft, liebenswürdig.

»Sie sind mir zuvorgekommen, ich wollte Sie aufsuchen, Sie um ein Gespräch bitten, und nun kommen Sie zu mir. Was wollen Sie trinken?«

»Danke, ich möchte nichts.«

Er lachte sie an. »Ich verstehe. Sie haben beschlossen, sich erst einmal reserviert zu verhalten, vollkommen zu Recht. Zunächst einmal wollen Sie sehen, um was für einen Vogel es sich handelt, den Ihre Tochter sich da eingefangen hat.«

Gerda fühlte sich ein wenig schwach – an Selbstsicherheit fehlte es ihm offenbar nicht.

Der Mann lachte. »Wie ich aussehe – das haben Sie jetzt vor sich. Ich bin nach Ansicht meines Arztes vollkommen gesund. Gewisse Abnutzungserscheinungen, die natürlich wären, halten sich noch in Grenzen. Ich bin zweimal verheiratet gewesen. Meine geschiedenen Frauen leben noch und könnten notfalls Referenzen abgeben …«, er lachte, »oder auch Warnungen aussprechen. Dies möglicherweise eher, was ich ertragen müßte. Beruflich ist alles in Ordnung, ich besitze eine Firma, die Dinge herstellt, die nicht aus der Mode kommen. Vermögen also vorhanden, damit auch gewisse Sicherheiten, soweit Sicherheiten von Geld abhängig sind.« Und mit Schwung und Herzlichkeit fuhr er fort: »So, und jetzt stellen Sie Ihre Fragen.«

»Na, was sagst du, Mama?«

Gerda Weinert schob ihre Tochter von sich, sah sie an. »Um es vorwegzusagen: Alles in Ordnung. Der Mann ist großartig.«

»Mama …«

»Ich habe zwar schon was getrunken, aber ich trinke noch mal etwas. Mach einen Sekt auf. Ich wiederhole, der Mann ist großartig.«

Gisela beeilte sich, Gläser zu holen. Gerda Weinert lachte, ging beschwingt hin und her.

»Erstens sieht er gut aus. Weißt du, ich war auf alles gefaßt, auf einen kahlen Kopf, auf Falten im Gesicht, auf – na ja, du weißt, was man sich unter Alter vorstellt. Als läge Staub auf einem – nichts von alledem, kein kahler Kopf, keine Falten, kein Staub.« Sie lachte. »Kam gleich hereingestürzt mit einem Elan, mit einer Vitalität, die mich umgehauen hat. Erst dachte ich: Vorsicht, der spielt da jetzt den jugendlichen Helden. Nicht mit mir, mein Lieber, aber dann sah ich …«, sie holte Atem, »der war ja wirklich so. Nahm mir gleich den Wind aus den Segeln«, wieder lachte sie, »mit dem Unterton ›Das ist doch nicht der Rede wert‹. Irgendwie war er ungeheuer ehrlich, mit der Aufforderung, die üblichen Gedanken nicht mitzudenken, und ich fand es plötzlich tatsächlich albern, auf dem Altersunterschied herumzureiten. Wo bleibt der Sekt, Kind? Ich möchte mit dir anstoßen.«

Gisela kehrte erst nach einer ganzen Weile zurück. »Kommst du mal, Mama?«

Sie sah nachdenklich aus, der blitzende Glanz in ihren Augen hatte sich ein wenig nach innen gezogen. »Ich habe gerade mit ihm telefoniert …«

»Ach, hast du?«

Gerda Weinert lächelte, war ganz aufmerksam.

»Was sagt er denn?«

»Hm«, murmelte Gisela, »ich habe zehn Minuten telefoniert, aber ich bin gar nicht zu Wort gekommen. Weil er andauernd geredet hat.«

»Was hat er …?«

»Andauernd geredet. Was für eine fabelhafte Frau du bist. Wie gut du aussiehst, wie großartig du bist und wie fabelhaft er sich mit dir unterhalten hat und wie selten es sei, daß man sich mit jemandem so unterhalten kann, daß man echten Gewinn davon hat.«

»Wie, was …?«

»Hinreißend seist du, eine Frau, wie er sie in seinem Leben noch nicht kennengelernt habe.«

»Das sagte er …?«

»Ohne sich unterbrechen zu lassen.«

Gerda Weinert war ein wenig verwirrt.

»Hm«, meinte sie etwas matt, »wir hatten wirklich eine ganz intensive Unterhaltung, die mir großen Spaß gemacht hat.« Sie hob die Stimme. »Ihm auch?« fragte sie.

»Ja, ihm auch«, antwortete Gisela.

»Merkwürdig.«

»Was ist merkwürdig?«

»Was du sagst …«, Gerda Weinert räusperte sich, »gibt mir plötzlich ein merkwürdiges Gefühl …«

»Kannst du es näher beschreiben …?«

»Entschuldige bitte.«

Gerda Weinert verzog sich ins Badezimmer und schloß die Tür.

Sie wusch sich die Hände, genoß das kalte Wasser, benetzte auch ihr Gesicht damit, stand dann da und besah sich im Spiegel, starrte sich an und dachte: Sei ganz ehrlich zu dir, lüg jetzt nicht.

Sie schüttelte den Kopf und dachte: Das kann doch nicht wahr sein.

Es klopfte an die Tür.

»Mama …?«

»Ich komme gleich.«

»Deine Stimme klingt so komisch.«

»Stimme klingt komisch?«

»Du weinst doch nicht etwa?«

»Nein, nein, Kind. Geh nur schon schlafen.«

Gerda Weinert atmete tief durch und dachte: Was hatte er noch gesagt? Wir alle sind auf dem Weg nach Übereinstimmung mit einem Partner, weil in Übereinstimmung der Frieden liegt. Und jeder glaubt, daß man sich diesen Frieden schuldig ist. Immer noch starrte sie sich an.

Da wäre sie, die Übereinstimmung, der Frieden.

Gisela war tatsächlich zu Bett gegangen, aber sie schlief nicht, sah ihrer Mutter entgegen.

Gerda Weinert setzte sich auf die Bettkante, holte Atem.

»Sag nichts, Mama«, flüsterte Gisela, »ich bin mir plötzlich ganz klar darüber«, sie lächelte etwas angestrengt, »achtundzwanzig Jahre sind mir doch zu viel.«

Und sie setzte hinzu: »Er kommt morgen her.« Sie lächelte, hob die Stimme ins Sanfte: »Sagst du ihm alles ...?«

Das Krokodil

Ein junges Mädchen kam aus dem Bahnhofsgebäude heraus. Sie trug einen mittelschweren Koffer mit sich, setzte ihn ab und starrte Berlin an.

Das Mädchen blutjung, Berlin schon älter.

Das Mädchen brachte den Koffer zu einem Taxi.

»Tag, die Dame«, sagte Ulrich und faltete seine Zeitung zusammen.

»Guten Tag«, strahlte ihn das Mädchen an. Sie hieß Anita.

»Verstauen wir erst mal den Koffer, wenn es recht ist«, sagte Ulrich.

»Er ist nicht schwer«, sagte Anita heiter, »weil nicht viel drin ist.«

»Leichtes Gepäck also«, sagte Ulrich, »so reist es sich am besten«, und er fragte: »Aus dem Westen?«

»Aus der Lüneburger Heide«, sagte Anita und setzte sich in den Wagen.

»Blüht die nicht gerade?«

»Die blüht erst im Herbst.«

Der nette junge Taxifahrer lachte. »Sie sehen aus, als ob sie jetzt blüht. Wo soll's denn hingehen?«

»Fahren Sie erst mal los«, sagte das vergnügte Mädchen. Anita hatte sich ganz an das Fenster gedrückt und sah die vorbeiziehenden Bilder mit Begeisterung. »Berlin, Berlin ...«

»Wie es leibt und lebt«, sagte Ulrich, dem das junge Mädchen sehr gefiel.

»Davon habe ich geträumt«, sagte Anita, »von einer Großstadt, von diesem Leben hier, von Geschäften, Cafés, Kinos.«

»Ja, Berlin hat eine Menge zu bieten«, meinte Ulrich herzlich, »aber jetzt sollten Sie mir sagen, wo es hingeht.«

»Ich habe keine Ahnung«, antwortete Anita vergnügt.

»Wie ...?« fragte Ulrich verdutzt.

»Ich sagte doch«, wiederholte das Mädchen, »ich habe keine Ahnung.«

»Na, Sie sind gut. Haben Sie keine Adresse hier?«

»Überhaupt keine.«

»Sie suchen also ein Hotel oder eine Pension.«

Anita lachte. »Das kann ich ja gar nicht bezahlen.«

»Was?« staunte Ulrich.

»Ich hatte gerade Geld für die Fahrkarte nach Berlin.«

»Und sonst keins?«

»Nein«, erklärte das Mädchen, ohne die geringste Spur von Schrecken in der Stimme.

»Sagen Sie mal ...«, fragte Ulrich nun fast etwas beklommen, »können Sie vielleicht auch das Taxi nicht bezahlen?«

»Nein«, sagte sie, »ich wollte es Ihnen gerade sagen.«

Jetzt brachte Ulrich den Wagen erst mal zum Halten.

Er hatte nun Zeit, das Mädchen genauer anzusehen. Wie gesagt, blutjung, keine zwanzig, eine Stupsnase, eine Stirn, die irgendwie an eine Kinderstirn erinnerte, die Augen leuchtend, die Blicke voll auf ihn gerichtet.

»Keine Angst«, das Mädchen lächelte ihn an, »die Sache ist doch so: Ich bin nach Berlin gekommen, um hier zu leben und um hier zu arbeiten. Ich werde Geld verdienen, und dann bezahle ich Ihnen, was ich Ihnen schulde.«

Nüchtern sagte der Taxifahrer: »So ein Geschäft habe ich noch nie gemacht. Und damit will ich auch gar nicht erst anfangen.«

»Sind Sie so auf das Geld angewiesen?« fragte Anita und hob das Gesicht, ehrlich verwundert.

»Natürlich bin ich darauf angewiesen, daß ein Fahrgast bezahlt. Irgendwie ist das der Witz bei der ganzen Angelegenheit.«

»Sie können nicht ein paar Tage warten?« staunte das Mädchen.

»Nicht einen.« Ulrich stieg aus, öffnete die Tür des Wagens, holte den Koffer aus dem Kofferraum.

»Entschuldigen Sie, aber ...«

Das Mädchen stieg auch aus, sagte herzlich: »Aber ich bin Ihnen doch nicht böse.« Und lebhaft: »Ist das der Kurfürstendamm?«

»Ja, das ist der Kurfürstendamm.«

»Von dem ich so viel gehört habe«, sagte Anita aufgeregt und heiter. »Ich freue mich schon darauf.« Sie nahm ihren Koffer. »Sie hätten Ihr Geld bestimmt bekommen, das müssen Sie mir glauben.«

Sie setzte den Koffer noch einmal ab, gab ihm unvermittelt die Hand. »Danke.«

»Schon gut«, murmelte Ulrich, »und viel Spaß in Berlin.«

»Den werde ich sicher haben.« Sie nickte ihm vergnügt zu.

Ulrich setzte sich in seinen Wagen und wendete. Das Mädchen stand immer noch neben ihrem Koffer, als warte sie. Aber worauf?

Ulrich wendete erneut, ärgerlich auf sich selbst, und hielt wieder neben ihr.

»Sie können doch hier nicht stehen bleiben. Worauf warten Sie denn?«

Sie lachte. »Ich habe davon geträumt, auf dem Kurfürstendamm zu sein. Daran habe ich gedacht – daß ich es geschafft habe.«

»Der Kurfürstendamm in allen Ehren, aber Sie müssen doch wissen, wohin Sie mit Ihrem Koffer da wollen.«

»Ich suche mir ein Hotel …«

»Ich denke, Sie haben kein Geld.«

Sie antwortete: »Geld ist für Sie wohl wahnsinnig wichtig, was?«

»Wichtig …?« Es verschlug ihm den Atem.

»Weil Sie andauernd davon reden.«

»Ich rede Ihretwegen davon.«

»Machen Sie sich kein Sorgen«, strahlte sie ihn an. »Ich bin in Berlin. Das ist die Hauptsache …«

Sie hob eine Hand, winkte und zog mit ihrem Koffer los.

Schon nach ein paar Schritten entdeckte sie eine Pension. Ulrich sah, wie sie hineinging.

Er wartete eine Weile und ging ihr dann nach.

Er fragte den Mann an der Rezeption: »Haben Sie gerade einem jungen Mädchen ein Zimmer gegeben?«

»Ja«, sagte der Portier.

»Kommt aus der Lüneburger Heide …«, erklärte Ulrich, »war noch nie in Berlin, ist ganz überwältigt.«

»Aha«, sagte der Portier.

»Ein ganz reizendes Mädchen. Sie hat nur einen Fehler: Sie hat kein Geld.«

»Kein Geld?« sagte der Portier und wurde aufmerksam.

»Sie konnte nicht mal mein Taxi bezahlen«, sagte Ulrich, »deswegen meine ich ...« Er zog seine Brieftasche heraus. »Ich gebe Ihnen erst mal hundert Mark für die – für die ersten Tage.«

Der Portier starrte ihn an.

Ulrich lächelte etwas hilflos, hob die Schultern und sagte, als gebe er jetzt eine einleuchtende Erklärung: »Lüneburger Heide.«

Der Portier nahm zögernd das Geld. »Sie kennen das Mädchen gar nicht?«

»Sie stieg gerade am Bahnhof zu mir ins Taxi.«

»Hat das Mädchen Sie um Geld gebeten?«

»Mit keinem Wort!« beteuerte Ulrich.

»Moment«, sagte der Portier, weil sein Telefon läutete. Er nahm den Hörer ab, sagte: »Jaja, selbstverständlich, sofort. Er legte auf, sah den Taxifahrer an. »Sie möchte ein Glas Sekt trinken.«

Das Mädchen hatte sich umgezogen, kam aus der Pension heraus, ging auf das Taxi zu, neben dem Ulrich stand.

Sie lachte. »Der Portier hat mir gesagt, daß Sie ihm hundert Mark gegeben haben.«

Sie beugte sich vor, küßte ihn auf die Wange und sagte: »Danke«, und dann fast ein wenig triumphierend: »Sehen Sie. Und Sie haben sich Sorgen gemacht.«

Die Unlogik verschlug ihm den Atem.

»Ganz unnötigerweise, wie Sie sehen. So, und jetzt den Kurfürstendamm rauf und runter. Bezahlen kann ich Sie ja jetzt.«

Sie stieg ein, Ulrich fuhr sie den Kurfürstendamm hinauf und hinunter.

Dann lud er das erstaunliche Mädchen zu einem Kaffee ein.

»Eine Zeitung, Herr Ober«, verlangte sie.

Sie schlug die Stellenangebote auf.

»Was für einen Beruf haben Sie sich denn vorgestellt?« fragte Ulrich.

Sie sah ihn nachdenklich an, sagte plötzlich: »Sehen Sie mich an.«

Sie schloß die Augen, fragte: »Sehen Sie mich an?«

»Ja«, antwortete Ulrich, »ich sehe Sie an.«

Das Mädchen öffnete langsam die Augen, ihr Blick bekam etwas Starres.

Sie flüsterte: »Ich öffne die Augen – und sehe etwas – etwas Grauenerregendes.«

Sie stand langsam auf, preßte die Hand gegen die Brust, öffnete den Mund und stieß einen entsetzlichen Schrei aus.

Überall Aufregung, die Leute im Lokal fuhren mit den Köpfen herum.

Der Ober stürzte herein. »Um Himmels willen, was ist denn passiert?«

Das Mädchen lächelte ihn an. »Entschuldigen Sie ...«, sie wandte sich auch an die Umsitzenden, »ich bitte um Entschuldigung. Es ist alles in Ordnung.«

Die Aufregung legte sich. Das Mädchen setzte sich wieder, neben Ulrich, der immer noch wie erstarrt dasaß.

Sie sagte: »Ich habe die Szene in einem Film gesehen.« Und, ganz gespannt: »Wie war ich?«

»Sehr gut«, murmelte Ulrich, »ich dachte wirklich, da ist ein Krokodil hereingekommen.«

Das Mädchen sagte verdutzt: »Ein Krokodil? Ein Krokodil habe ich mir nicht vorgestellt. Wie kommen Sie auf Krokodil?«

»Ich weiß es nicht …«, sagte Ulrich, »finden Sie Krokodil nicht gut?«

»Doch«, nickte sie, »es ist auch sehr gut.« Sie sah ihn gespannt an. »Könnte ich zum Film gehen?«

»Sie meinen, da braucht man solche Schreie?«

»Nicht nur, ich weiß …«, sagte sie lebhaft, streckte die Hand aus, ihr Blick wurde ganz weich, ganz liebevoll, sie umfaßte mit der Hand Ulrichs Nacken, sah ihn an, flüsterte: »Ich konnte nicht anders, aber ich schwöre dir …«, sie ließ ihren Atem hören, »er bedeutet mir nichts. Du mußt es mir glauben …«

Sie brachte ihr Gesicht ganz nahe an seins heran. »Ich liebe nur dich …«, flüsterte sie.

Sie richtete sich auf, gespannt. »Na, wie war ich? Konnten Sie sich etwas vorstellen? Habe ich etwas deutlich gemacht?«

»Hm …«, meinte Ulrich, lachte. »Mir ist direkt die Luft weggeblieben.«

»Diese beiden Sachen könnte ich vortragen.«

»Das Krokodil und …«

»Und eine Liebesszene. Die natürlich noch weitergeht. Das war erst der Anfang …«

Sie begann ein paar Knöpfe ihrer Bluse zu öffnen.

»Was machen Sie jetzt?« fragte Ulrich erschrocken.

»Ich könnte vorführen …«, sagte das Mädchen, stand auf, machte mit der Hand eine beschwichtigende Bewegung zum Ober, der schon wieder beunruhigt herübersah. Dann bewegte sie sich durch den Raum im Mannequinstil, drehte sich, als führe sie etwas vor, sah dabei ernst und verloren aus.

»Gekonnt, gekonnt«, sagte Ulrich, »als ob Sie es schon jahrelang tun«

»Ich habe es geübt«, sagte das Mädchen, »leider im Freien, auf einer Wiese und mit meinen eigenen Sachen, was nicht dasselbe ist.«

»Also, mir hat's gefallen«, sagte Ulrich, »die Wiese merkte man fast nicht. Was für eine Wiese war es?«

»Eine ganz gewöhnliche Wiese.«

»Für eine ganz gewöhnliche Wiese – alle Achtung. Können Sie sonst noch etwas?«

Sie lächelte, begann sich zu bewegen, fing an, auf der Stelle zu tanzen.

»Tanzen?« fragte Ulrich.

Das Mädchen blieb stehen, sah ihn plötzlich atemlos an. »Werde ich es schaffen?«

»Mein Taxi würde ich verwetten«, antwortete Ulrich. Er brachte das Mädchen zurück in die Pension.

»Ich war neugierig«, sagte sie, »auf den ersten Menschen, den ich in Berlin treffen würde. Ich bin froh, daß Sie es waren.« Sie hob die Zeitung mit den Anzeigen hoch. »Und morgen geht's los.«

»Und dann fing sie an zu tanzen«, sagte Ulrich, »das Anzeigenblatt hatte sie wie eine Fahne in der Hand.«

Ulrich erzählte die Geschichte einem Kollegen, mit dem er an einem Taxistand in Neukölln wartete.

»Woher kam sie?« fragte der Kollege.

»Aus der Lüneburger Heide.«

»Und wollte in Berlin ihr Glück machen?«

»Ja, ihr Glück wollte sie machen.«

»Und hat sie es gemacht?«

»Ich weiß es nicht …«, antwortete Ulrich.

»Du hast sie nie wiedergesehen?«

»Nein, ich bin drei Tage später hingegangen in die Pension. Aber – sie war schon nicht mehr da. Der Portier sagte: ›Sie ist heute morgen ausgezogen.‹ Ich fragte: ›Sie hat keine Adresse hinterlassen?‹ – ›Nein‹, sagte der Portier. Ich fragte noch, ob sie Erfolg gehabt habe mit einer ihrer Anzeigen. Der Portier wußte es nicht.«

Der Kollege lachte. »Sie war jung, sie war hübsch, und Hemmungen hatte sie wohl auch nicht. Die hat die Lüneburger Heide längst vergessen.«

Ulrich wurde angerufen, setzte sich in sein Taxi und fuhr los. Er brachte zwei Männer zum Funkturm, eine Dame nach Wannsee, fuhr eine Weile in Nikolassee hin und her, brachte einen alten Mann zu einem Arzt und war wieder auf dem Kurfürstendamm. Es war Abend geworden, die Straße glitzerte im Licht.

Ein Herr kam an den Wagen heran. »Sind Sie frei?«

Ulrich öffnete die Wagentür. Der Herr ließ eine Dame einsteigen, ging selbst um den Wagen herum und nahm an der Seite der Dame Platz.

Ulrich erkannte sie sofort. »Hallo«, sagte er.

»Hallo«, sagte die Dame.

Der Herr war überrascht. »Sie kennen sich?«

»Ich glaube, ich habe die Dame einmal gefahren«, sagte Ulrich.

»Aha«, lachte der Mann, »was für ein Zufall. Und daß Sie sich daran erinnern?«

»Ja«, murmelte Ulrich, »ich erinnere mich nicht immer an meine Fahrgäste, aber manchmal schon. Wohin soll's gehen?«

»Ins Chérie belle«, sagte der Herr.

Das Mädchen war ziemlich verändert. Sie trug ein langes Kleid, darüber einen Abendmantel. An ihren Ohren blitzte es von Schmuck.

Sie saß zurückgelehnt und war ziemlich schweigsam, während der Mann redete: »Hoffentlich sind wir nicht zu spät dran. Wir sind ja noch in Halensee eingeladen. Wir nehmen nur kurz einen Drink, dann sagen wir, daß wir keine Zeit mehr haben. Sie werden sich ärgern, aber was soll's. Großkurt ist wichtiger für uns. Und du gefällst ihm, er macht keinen Hehl daraus ...«

Ulrich brachte die Fahrgäste ins ›Chérie belle‹, bekam sein Geld, sein Trinkgeld und sah den beiden nach.

Das Mädchen hatte ihm einen Blick zugeworfen, aber der war nicht zu deuten.

Ulrich saß eine Weile wie erschlagen in seinem Wagen, spürte jetzt erst, wie aufgeregt er war.

Ja, dachte er, die Lüneburger Heide hat sie längst hinter sich gelassen. Er war ein wenig traurig, fuhr noch herum, transportierte Leute hin und her, machte aber früher Schluß und fuhr nach Hause. Langsam stieg er im Treppenhaus hoch. Das Mädchen saß auf der Treppenstufe vor seiner Wohnung, stand langsam auf. Ulrich starrte sie an.

»Woher haben Sie meine Andresse?«

»Das Schild im Taxi«, antwortete sie.

Sie trug kein langes Kleid mehr, keinen Abendmantel, und es blitzte nicht mehr an ihren Ohren.

Ulrich schloß die Wohnungstür auf, ließ sie eintreten. »Sie haben sich umgezogen?«

»Ja, ich bin nach Hause gefahren und habe mich umgezogen.«

Er führte sie in sein Wohnzimmer. Er fühlte sich ganz schwach, ganz ausgelaugt.

»Wie ist es Ihnen ergangen?« fragte er.

Anita brauchte eine Weile, um zu antworten. Dann lächelte sie schwach, und in diesem schwachen Lächeln leuchtete ihr alter Humor auf.

Sie sagte: »Ich habe das Krokodil gesehen.«

»Das Krokodil?« fragte er.

»Ja«, sagte sie und sah ihn an, und in ihrem Blick lag so etwas wie eine Bitte um Hilfe.

»In Ordnung«, sagte er, »in Ordnung. Soll ich uns einen Kaffee machen?«

»Ja«, sagte sie und setzte sich.

Biologieunterricht

Im Zeichensaal einer Schule.

Herr Stobbe, der Zeichenlehrer, hatte uns, den Schülern der Abschlußklasse des Gymnasiums, die Aufgabe gestellt, den menschlichen Körper zu zeichnen.

Ohne Modell selbstverständlich

»Ich will sehen«, sagte Stobbe ein wenig hinterhältig, »wie sich bei Ihnen der Mensch darstellt, der nackte Mensch natürlich.«

Er fügte ein paar Erklärungen pädagogisch-philsophischer Art hinzu, etwa, daß man den Grad menschlicher Reife aus solchen Zeichnungen herauslesen könne, da man ja sich selbst darstelle.

Wir zeichneten also drauflos, die Stimmung hatte sich deutlich gehoben, es wurde gelacht, leise oder auch laut, wie es die Art eines jeden war.

Stobbe ließ die Zeichnungen mit Namen versehen, sammelte sie ein und betrachtete sie.

Etwas verwundert sagte er: »Merkwürdig. Ihr alle habt nur Frauen gezeichnet. Warum?«

Dwinger antwortete ihm. Dwinger war der Klassensprecher, und er war der Klassensprecher, weil er nicht auf den Mund gefallen war.

»Herr Stobbe«, erklärte er, »erstens gilt unser Interesse, unser hohes Interesse, unser ganz normales Interesse – Heranwachsende, die wir sind – den Frauen, zweitens lassen sich Frauen leichter zeichnen.«

Unter allgemeinem Gelächter fuhr er fort: »Zwei, drei geschwungene Linien, und jeder weiß, was es darstellen soll.«

»Hm«, hörte sich Stobbe den gewandten Dwinger an. »Mit zwei, drei geschwungenen Linien werdet ihr in eurem Leben diesem Problem bestimmt nicht gerecht.«

Er zog ein Blatt hervor und sagte: »Hier hat ein einziger keine Frau gezeichnet. Albin Meisel.«

Alle blickten Albin an. Albin war bei allen beliebt, ein netter, sanfter, bescheidener, immer hilfsbereiter Klassenkamerad.

»Warum haben Sie keine Frau gezeichnet?« fragte Stobbe.

Albin wurde ein wenig verlegen, später behaupteten einige sogar, daß er rot geworden sei.

»Aus keinem besonderen Grund«, sagte er einfach.

»Aber was soll denn das darstellen?« fragte Stobbe, hob das Zeichenblatt und ließ alle sehen, was Albin gezeichnet hatte.

»Ein Mann ist es nämlich auch nicht«, sagte Stobbe, genoß die Situation und fuhr fort: »Dazu fehlen einige markante, um nicht zu sagen: hervorstechende Merkmale.«

Das einsetzende Gelächter tat ihm wohl, und er beschloß, bei diesem Thema zu bleiben, fixierte Albin und fragte: »Was muß ich denn daraus schließen? Sie gehen offensichtlich der Abbildung von Geschlechtsmerkmalen aus dem Wege. Warum tun Sie das? Verraten sich da Schüchternheit, Verlegenheit oder gar Angst vor dem anderen Geschlecht? Das wären Charakterzüge, die ich in dieser Klasse anzutreffen nicht gewohnt bin ...«

Der arme Albin stand ein wenig unsicher da und schien heilfroh zu sein, daß die Schulglocke ihn erlöste.

Wir gingen zur Pause hinunter auf den Schulhof. Stobbe hatte uns natürlich auf ein Thema gebracht.

Wir umringten Albin Meisel, und Dwinger, wie immer und überall mit dem Mund vorweg, examinierte Albin, fragte ihn, ob vielleicht wahr sei, was Stobbe behauptet hatte, ob er wirklich Angst vor Frauen habe.

Albin war ein vollkommen ehrlicher Typ, er verstand sich nicht auf den üblichen leichten Ton, war nicht gewohnt, sich in Auswege zu retten. Er beantwortete jede Frage, so ehrlich er konnte.

Und im Handumdrehen erfuhren wir, daß Albin noch nie etwas mit einer Frau zu tun gehabt hatte.

Für Dwinger war das wie eine Sensation.

Er zog die Stimme ungläubig hoch. »Noch nie mit einer Frau …?«

Er sagte es so erschrocken, daß Albin ganz verlegen wurde. Jaja, er habe mal ein paar Ansätze gemacht, aber – es habe sich nicht ergeben, er sei nicht – nicht weit gekommen. Wir lachten herzlich, kamen uns selbst überlegen vor.

Dwinger umfaßte Albins Schulter freundschaftlich. »Das geht nicht, Albin. Da fehlt dir eine Erfahrung, die wahnsinnig wichtig ist.«

Andere halfen mit, Albin in die Enge zu treiben, er wurde rot und blaß, war schließlich ganz unsicher, als sei es sein Fehler, ein fast nicht entschuldbarer Fehler, dieses Erlebnis noch nicht gehabt zu haben.

»Moment, Moment«, verschaffte sich Dwinger Ruhe, »ich weiß einen Weg.«

Er sah Albin durchdringend an und sagte ruhig und fest: »Meine Schwester.«

»Wie, was?« riefen alle durcheinander.

»Meine Schwester macht das«, rief Dwinger, »die versteht was davon, sie ist hübsch, keinesfalls prüde, und wenn ich ihr sage, um was es sich handelt, dann hilft sie uns ...«, er korrigierte sich lächelnd, »hilft sie Albin.«

Albin blieb ein wenig der Atem stehen, er sah hilflos von einem zum anderen, aber alle waren Feuer und Flamme, redeten durcheinander, überlegten, wie, wann und wo.

»Ich organisiere das«, entschied Dwinger, »meine Schwester macht das so, daß es ein unvergeßliches Erlebnis für ihn sein wird.«

Die allgemeine Zustimmung war so groß, daß Albin fast nichts anderes übrigblieb, als schließlich einzuwilligen.

Er war viel zu höflich, nein zu sagen.

Wir liefen auseinander. Ich schloß mich Dwinger an und fragte: »Sag mal, du hast doch gar keine Schwester?«

Dwinger grinste mich an.

»Nein«, sagte er, »spannst du das jetzt erst? Die anderen haben es längst begriffen.«

»Was begriffen?«

»Daß ich ihm nicht meine Schwester schicke.«

»Wen schickst du ihm dann ...?«

Er sah mich an, fragte kopfschüttelnd: »Na, wen kann man für so was engagieren?«

»Engagieren?« Jetzt blieb mir der Atem stehen. »Du willst jemanden engagieren?«

»Ich weiß auch schon, wen«, sagte Dwinger, »ich kenne da jemanden. Die macht das sehr gerne ...«

»Für Geld?« vergewisserte ich mich.

Er sah mich groß an. »Wofür sonst?«

Ich ging nach Hause, dachte über die Sache nach, die mich beunruhigte, dachte mir: Na, das werden sie wieder vergessen. Aber sie vergaßen es nicht.

Am nächsten Tag hatte der Plan Formen angenommen.

Dwinger erklärte Albin im Kreise aller anderen: »Also, ich habe mit meiner Schwester gesprochen. Sie ist einverstanden, wollte nur wissen, wie der Typ ist, dem sie da helfen soll. Ich sagte: Du wirst von Albin begeistert sein. Ein fabelhafter Junge.«

Albin hörte sich das alles ratlos und hilflos an.

»Es passiert heute«, erklärte Dwinger, »hier in der Schule. Im Biologiesaal. Die letzte Stunde haben wir Biologie, danach ist niemand mehr in der Schule. Albin bleibt im Biologiesaal und wartet auf sie.«

Dwinger sah Albin eindringlich an. »Hast du gehört, Albin?«

»Jaja«, murmelte der. Man sah ihm an, daß ihm nicht sehr wohl zumute war, aber auch jetzt fand er die Kraft zum Widerspruch nicht.

»Du verstehst ...«, stieß Dwinger nach, »wie würde meine Schwester dastehen, wenn du einen Rückzieher machst?!«

Albin nickte nur.

Die Biologiestunde. Niemand brachte das rechte Interesse am Unterrichtsstoff auf, man wisperte, flüsterte, ein halbes Gelächter hing in der Luft.

Die Stunde war zu Ende.

Alle verließen den Saal. Dwinger warf Albin einen Blick zu. Albin blieb in seiner Bank sitzen, mit gesenktem Kopf, fast wie betäubt.

Wir blieben draußen auf dem Flur stehen und warteten auf Dwinger. Der kam, zog die Tür zum Biologiesaal hinter sich zu und sagte nur: »Er bleibt, er wartet.«

Einige schienen losplatzen zu wollen, aber Dwinger sagte mahnend: »Nicht hier.«

Wir gingen auf die Straße hinaus. Die Schule leerte sich allmählich.

Dann kam ein kleiner Wagen angefahren, ein Mädchen stieg aus. Kurzer Rock, lange blonde Haare. Wir starrten zu ihr hin.

»Na?« sagte Dwinger mit leisem Triumph in der Stimme, ging zu dem Mädchen, sprach mit ihr und schickte sie dann in die Schule. Sie schien ziemlich keß.

»Ich habe ihr genau beschrieben, wie sie in den Biologiesaal kommt«, erklärte Dwinger. Und jetzt heulten einige los, riefen »hurra« und was ihnen sonst alles in den Sinn kam, sie klatschten sich vor Vergnügen auf die Schenkel.

Alle warteten vor der Schule, keiner wollte nach Hause gehen. Wir sahen auf die Uhr und stellten Vermutungen an, wie lange die beiden brauchen würden. An kräftigen Worten, die stets neues Gelächter hervorriefen, wurde nicht gespart.

Es mochte etwa eine halbe Stunde vergangen sein, als Albin zusammen mit dem Mädchen erschien.

Sie kamen gemeinsam aus der Schule heraus, redeten eine Weile miteinander, dann brachte Albin das Mädchen zu ihrem Wagen, wartete höflich, bis sie abfuhr.

Alle liefen nun hinüber zu ihm, riefen: »Na, Albin, wie war's?«

Sie waren bereit, die ganze Sache in einem riesigen allgemeinen Gelächter aufzulösen, aber irgendwie ging das nicht.

Albin sah die anderen groß an, groß und etwas fremd, mit einer Distanz, die er früher nie gehabt hatte.

»Ja«, sagte er mit verhaltener Stimme, »ich habe etwas gelernt.« Dann ließ er die andern stehen und kam auch später nie mehr auf diese Geschichte zurück.

Jahre später traf ich Albin einmal zufällig in einem Hotel, in einer Stadt, die uns beiden fremd war. Albin freute sich über unser Wiedersehen. Wir aßen und tranken miteinander und kamen natürlich auch auf die Schulzeit zu sprechen.

Ganz unbefangen fing ich von der Geschichte im Biologiesaal an, bremste mich dann, fast erschrocken, aber Albin lächelte, hob die Hand und sagte: »Ich will dir erzählen, was damals passiert ist.« Es schien ihm nun sogar Vergnügen zu bereiten.

»Ich wartete also im Biologiesaal, in einer Stimmung, die ich selbst heute nicht genau beschreiben kann. Ich war ungeheuer befangen, befangen und aufgeregt. Ich war es noch mehr, als das Mädchen hereinkam. Ich wußte sofort, wen mir Dwinger da geschickt hatte. Ich überlegte fieberhaft, wie ich mich aus dieser Situation befreien konnte. Aber das Mädchen nahm mir das Nachdenken ab. Sie sah sich nämlich um, war offensichtlich ungeheuer beeindruckt und sprach gleich los. ›Mann, Mann‹, sagte sie, ›ich bin zum ersten Mal in so einer Schule. Das ist ja ein Riesenkasten.‹ Und

sie wieder: ›Mann, Mann, habt ihr es gut.‹ Sie ging von einer Vitrine zur anderen, sah sich die Exponate an, wollte alles wissen, staunte immer nur und sagte: ›Ich war auch in der Schule. Aber nur ein paar Jahre und bei uns auf dem Dorf. Sie war nicht besonders. Sie war so, daß ich nicht gerne reingegangen bin. Das hier ist ja was ganz anderes.‹«

»Wie?« fragte ich Albin überrascht. »Sie sprach gar nicht über die – über die Sache?«

»Nein«, sagte Albin, ohne meine Verlegenheit überhaupt zu bemerken, »die Schule faszinierte sie. Sie fragte, was wir durchgenommen hätten. Sie fragte: ›Was lernt ihr gerade?‹ Ich erwähnte Leibniz, wir hätten über Leibniz gesprochen. Sie wollte wissen, wer das ist. Ich sagte Leibniz sei ein Philosoph gewesen. Sie starrte mich an und sagte: ›Wieso habe ich den Namen noch nie gehört? Was ist das für ein Typ?‹ Ich erklärte es ihr.«

»Was?« rief ich. »Ihr habt über Leibniz gesprochen?«

»Ja, über Leibniz. Ich sagte ihr, Leibniz habe eine Lehre aufgestellt, von der geplanten Welt. Leibniz meine, daß es ein Irrtum sei, anzunehmen, daß der Mensch einen freien Willen habe. Sie hörte mir aufmerksam zu …«

»Hörte dir zu?« fragte ich.

»Ja«, nickte Albin, »und wie. Sie war ganz ärgerlich, sagte: ›Ich habe doch meinen freien Willen. Ich kann doch tun und lassen, was ich will.‹ Ich sagte ihr: ›Nein, das ist nicht die Meinung von Leibniz. Leibniz meint, alles sei vorbestimmt. Wir könnten unserem Schicksal nicht entgehen.‹«

Albin lachte. »Sie wurde fast böse, fragte: ›Daran glaubst du doch nicht etwa?‹ Ich sagte, es sei eine Theorie. Sie antwortete: ›Ja, aber eine traurige.‹ Dann legte sie los: ›Also, ich sehe die Sache so: Da bist du, und irgendwie bist du in was drin. Was dir nicht gefällt, zugegeben. Was dir maßlos stinkt. Ist doch nur natürlich, daß du da rauswillst. Und sollst jetzt sagen: Da kann ich nicht raus? Weil ich da reingehöre? Mann, Mann‹, sagte sie, ›da muß doch was sein, eine Hoffnung, oder so was, eine Überzeugung, ein Wille, daß du rauskommst aus einer Sache, wenn du nur willst. Du bist doch echt verloren, wenn du daran nicht glaubst …‹«

»Darüber«, fragte ich ungläubig, »nur darüber habt ihr gesprochen?«

»Ja, nur darüber, die ganze Zeit.« Er sah mich an und fragte lebhaft: »Was sagte ich, als ich mit ihr aus der Schule kam?«

»Du sagtest: ›Ich habe etwas gelernt.‹«

»Ja«, nickte Albin. »Sie hat mir etwas beigebracht, was ich erst später begriffen habe: Daß wir alle unser Schicksal haben und es nur akzeptieren, wenn wir glauben, daß wir es ändern können.«

Wieder Jahre später traf ich einmal Dwinger und konnte mich nicht zurückhalten, ihm zu erzählen, was Albin mir gestanden hatte.

Dwinger sah mich groß an: »Ja, glaubst du denn im Ernst daran, daß die beiden über Leibniz gesprochen haben? Die haben es miteinander getrieben. Im Biologieraum. Und ohne ein Wort dabei zu sprechen.«

Ich glaube, daß Albin die Wahrheit gesprochen hat. Weil es so ungewöhnlich war, was er sagte. Und weil man gewöhnlich die Wahrheit nur im Ungewöhnlichen findet.

Der elfte Juni

Brigitte war in einer Gärtnerei gewesen. Man hatte ihr den Wagen vollgeladen mit Pflanzen, alles Sommerblumen.

Sie fuhr die Landstraße entlang, das Wetter war schön, ein leichter frischer Wind kam vom Gebirge her.

Gutes Wetter macht gute Laune und erhöht die Hilfsbereitschaft. Brigitte zögerte nur kurz, als sie am Straßenrand ein kleines Auto stehen sah. Daneben stand ein junger Mann, der es düster anstarrte. Dieser abwesende, betrübte Blick rührte Brigitte, so daß sie ihren Wagen anhielt.

»Kann ich Ihnen helfen?« fragte sie.

Der junge Mann wandte sich um, sah Brigitte an. Er war deutlich überrascht, fast betroffen, wollte etwas sagen, aber er brachte kein Wort heraus, kam nur einen Schritt näher, hob die Hände gegen Brigitte, ließ sie dann wieder sinken.

»Was ist denn mit Ihnen? Haben Sie eine Panne?«

Der junge Mann setzte ein Lächeln auf, ein etwas törichtes Lächeln, wie es Brigitte schien, dennoch stand es ihm; er wirkte wie jemand, dem eine große Freude widerfahren war und der nur aus diesem Grund sprachlos war.

Der junge Mann war Anfang Zwanzig, sah gut aus, gesund und sportlich, ein offenes Gesicht, ein hübsches Gesicht.

»Ja«, sagte der junge Mann, wies hilflos auf das kleine Auto, »es ist – in den Beinen eingeknickt.«

Brigitte war ausgestiegen, kam näher, besah sich den Schaden. »Sie haben eine Reifepanne«, sagte sie trocken.

»Ja«, nickte der junge Mann, »so ist es.«

Aber er stand immer noch da, sah Brigitte an, etwas staunend, zutiefst berührt.

»Haben Sie kein Reserverad?«

»Doch, ich habe ein Reserverad. Ich habe keinen – Wagenheber.«

»Nun«, sagte Brigitte, »da kann ich Ihnen helfen. Ich habe einen Wagenheber. Jeder, der Auto fährt, sollte im Wagen einen Wagenheber haben …«

Der junge Mann nickte nur, und das Lächeln, das zunächst langsam, fast schüchtern gekommen war, verstärkte sich. Sein Lächeln wurde herzlich, seine Stimme ganz weich, seine Blicke ließen Brigitte nicht los.

Er nickte. »Sie haben vollkommen recht. Ich weiß nicht, warum ich keinen Wagenheber habe, aber ich habe ihn nicht, und daß ich ihn nicht habe …«, er lächelte stärker, glücklicher, »das hat nach der Lage der Dinge etwas zu bedeuten.«

Brigitte wunderte sich ein wenig, wollte die Sache hinter sich bringen und schloß ihren Kofferraum auf.

Sie erschrak. Sie hatte vergessen, daß der Kofferraum angefüllt war mit Pflanzen, mit Blumen – eine wahre Blütenpracht bot sich dar.

»Du liebe Zeit«, sagte Brigitte, »ich habe die Blumen ganz vergessen. Wir müssen sie ausladen. Helfen Sie mir mal …«

Der junge Mann mußte sich einen Ruck geben.

»In Ordnung«, rief er fast fröhlich aus, »diese Blumen …«, er atmete tief ein, »passen ins Bild.«

»In welches Bild?« fragte Brigitte, aber der junge Mann antwortete nicht mehr, hob die Blumen heraus, mit fast sanften, behutsamen Bewegungen stellte er Topf um Topf an den Straßenrand, besah die Blütenpracht auf dem Asphalt und richtete dann wieder den benommenen, glücklichen Blick auf Brigitte.

Brigitte fand ihren Wagenheber, reichte ihn dem jungen Mann. Der hielt den Wagenheber in der Hand, als wisse er nicht, was er damit anfangen solle.

»Haben Sie noch nie ein Rad gewechselt«, fragte Brigitte.

»Doch doch«, antwortete der junge Mann hastig, bückte sich, setzte den Wagenheber an und drehte langsam den Wagen hoch.

Dabei wandte er den Kopf, sah Brigitte an.

»Wie lange stehen Sie hier schon?« fragte sie.

»Eine ganze Weile«, sagte der junge Mann,»ich habe versucht, Wagen anzuhalten, aber …«, er lachte fröhlich, »alle fuhren vorbei. Bis Sie kamen.«

Er stand auf, sah Brigitte ebenso fröhlich wie neugierig an. »Warum haben Sie gehalten?«

»Warum? Ich habe gesehen, daß Sie eine Panne hatten …«

»Halten Sie immer, wenn Sie sehen, daß jemand eine Panne hat?« fragte der junge Mann eindringlich.

»Nein …«, erwiderte Brigitte zögernd, »nicht immer. Um die Wahrheit zu sagen, ich habe noch nie gehalten.«

»Noch nie …«, wiederholte der junge Mann und nickte dazu, als sei ihm etwas mitgeteilt worden, was er erwartet habe.

»Holen Sie jetzt Ihren Reservereifen heraus«, forderte Brigitte den jungen Mann auf.

Er tat es.

Brigitte dachte: Der junge Mann ist merkwürdig. Er sieht mich an in einer Weise, die man nur als eindeutig bezeichnen kann. Der Gedanke war ihr sonderbarerweise nicht unbehaglich. Nun, dachte Brigitte, der Junge ist knapp über zwanzig, und ich – der Tatbestand ließ sie sogar beim Denken zögern – nähere mich den Fünfzigern.

»Junger Mann«, sagte Brigitte, »auch Ihr Reservereifen hat ja keine Luft.«

»Tatsächlich.« Der junge Mann lächelte etwas töricht, wie es schien, aber ohne im geringsten darüber unglücklich zu sein.

»Ich mache Ihnen einen Vorschlag«, meinte Brigitte, »ich lade alles wieder ein, meine Blumen, meinen Wagenheber und Sie mit Ihrem Reservereifen. Ich bringe Sie zu einer Werkstatt.«

»Einverstanden.«

Der junge Mann half Brigitte beim Einräumen der Blumen und stieg schließlich selbst zu ihr in den Wagen mitsamt seinem Reservereifen.

Brigitte fuhr los.

Sie schwiegen eine Weile, der junge Mann saß wie ein Träumender neben ihr.

»Na«, begann Brigitte, »sehr unglücklich scheinen Sie nicht zu sein.«

»Dazu habe ich auch keinen Grund.« Der junge Mann lächelte sie an und fuhr fort: »Schließlich habe ich *Sie* kennengelernt.«

Holla, dachte Brigitte, jetzt geht er los.

»Weil Sie *mich* kennengelernt haben?«

»Ja, und dafür bin ich so dankbar.« Er lachte. »Entschuldigen Sie, wenn ich Sie ununterbrochen ansehe …«

»Ich wollte Sie schon fragen, warum tun Sie es?«

Der junge Mann holte Atem. »Weil Sie eine schöne Frau sind. Ich habe …«, er zögerte nur kurz, »in jeder Hinsicht Glück gehabt.«

»Was wollen Sie damit sagen?«

»Ich wollte damit nur sagen: Ich freue mich, daß ich eine Panne hatte und daß der Himmel gerade *Sie* mir geschickt hat.«

Brigitte war in der Familie bekannt dafür, daß sie manchmal spontan die erstaunlichsten Fragen stellte, Fragen, die wie Schwerthiebe waren, mit denen man Knoten auf die einfachste Weise zerteilte.

Sie fragte: »Sagen Sie, wollen Sie mit mir eine Liebesgeschichte anfangen?«

Der junge Mann erwiderte ohne Zögern, als verstünde sich die Antwort von selbst: »Haben wir sie nicht schon?«

Brigitte blieb der Atem stehen. »Na, hören Sie …«, sagte sie, »ich könnte Ihre Mutter sein.«

»Macht nichts«, erklärte der junge Mann, »eine Frau bleibt eine Frau. Das Alter ist – ganz unwichtig.«

Nun war dies ein Satz, den Brigitte nicht ungern hörte.

»Na schön, sagte sie, »ich nehme das, was Sie mir da sagen, als Kompliment.«

Sie richtete sich plötzlich am Steuer auf. »Oder verbinden Sie mit Ihren Worten bestimmte Erwartungen?«

Der junge Mann lächelte. »Erwartungen?« Er machte eine kleine Pause, die er damit verbrachte, Brigitte herzlich anzusehen, und sagte dann: »Ja, natürlich …«

Brigitte dachte: Ich sollte jetzt anhalten und ihn mitsamt seinem Reserverad aus dem Wagen feuern. Aber dann dachte sie: Ich bin gespannt, wie weit der Junge geht.

Fast im gleichen Moment sahen sie von weitem eine Autowerkstatt.

Brigitte hielt, der junge Mann trug seinen schlaffen Reifen einem Monteur entgegen und erklärte ihm, was zu erklären eigentlich gar nicht nötig war.

Eilig kehrte der junge Mann zum Wagen zurück, bat: »Sie fahren doch nicht weg? Ich möchte Sie einladen. Trinken Sie einen Kaffee mit mir?«

Brigitte schaltete zurück in den Leerlauf, ließ die Kupplung los.

»Da drüben ist ein Café«, sagte der junge Mann, »wir können zu Fuß hinübergehen. Sie haben doch Zeit ...?«

Brigitte überlegte, stieg dann aus.

»Darf ich mich vorstellen«, sagte der junge Mann, »mein Name ist Benno Arnheim.«

Er gab ihr sogar die Hand. Eine etwas merkwürdige Szene, wie Brigitte fand.

Sie ging mit Benno Arnheim hinüber in das Café.

Dort setzte sich der junge Mann zurecht, richtete erneut seine Blicke auf Brigitte und sagte: »Ich sehe, daß ich Ihnen etwas erklären muß. Glauben Sie an Horoskope?«

»Horoskope?«

Benno beteuerte: »Ich glaube daran. Und zwar aus einem ganz einfachen Grund. Alle Vorhersagen, die mir bisher gemacht worden sind, sind eingetroffen.« Fast sachlich fuhr er fort: »Was für einen Tag haben wir heute?«

»Heute? Wir haben Donnerstag, den elften Juni.«

Benno nickte ebenso feierlich wie bedeutungsvoll. »In meinem Horoskop steht, daß ich am elften Juni die Frau meines Lebens kennenlernen werde.«

Brigitte staunte ihn an. »Die Frau Ihres Lebens?«

»So ist es ..., nickte Benno, »heute ist der elfte Juni, und Sie sind es, die ich kennengelernt habe.«

Brigitte zog scharf ihren Atem ein.

»Aha ...«, sagte sie verblüfft.

Benno lächelte. »Den ganzen Tag schon warte ich auf das Ereignis.«

»Und ich bin das Ereignis?« fragte Brigitte.

»Ja. Sie sind es.«

Brigitte meinte: »Und die Sterne irren sich nicht?«

»Sie haben sich noch nie geirrt.«

»Ich wäre also ...«, fuhr Brigitte langsam fort, »die Frau Ihres Lebens?«

»So ist es.« Er machte eine verlegene Geste. »Entschuldigen Sie.«

»Tja ...«, überlegte Brigitte, »was machen wir denn jetzt?«

»Ich habe keine Ahnung«, sagte der junge Mann, »es kommt, wie es kommt.«

»Nun ...«, meinte Brigitte, »ich jedenfalls bin in Schwierigkeiten, wenn die Sterne recht haben sollten: Ich bin nämlich verheiratet, und das seit fünfundzwanzig Jahren.«

Sie hob den Kopf, lachte. »Der elfte Juni ist ja noch nicht zu Ende.«

»Wir haben späten Nachmittag ...«

Brigitte meinte: »Trotzdem. Da kann noch viel passieren.«

»Nichts mehr«, antwortete Benno, »ich glaube, da kommt nichts mehr.«

Und er fügte hinzu: »Ich bin es aber auch so zufrieden.«

Dafür möchte ich ihn küssen, dachte Brigitte, und laut fuhr sie fort: »Ich mache Ihnen einen Vorschlag. Ich lade Sie ein. Sie fahren jetzt zu mir nach Hause. Damit wir gleich klare Verhältnisse schaffen.«

Benno sagte kein Wort, stieg zu Brigitte in den Wagen.

Zu Hause machte Inge die Haustür auf.

Inge war Brigittes Tochter, ungefähr achtzehn, schmal, schlank, sportlich, von nüchterner Kühle, die ihr ausgezeichnet stand.

»Hast du keinen Schlüssel?« wunderte sich Inge, als sie ihre Mutter mit einem jungen Mann vor der Tür stehen sah.

»Entschuldige«, antwortete Brigitte, stellte den jungen Mann vor: »Das ist Benno Arnheim, ein junger Mann, den ich unterwegs aufgelesen habe. Er hatte eine Panne mit seinem Wagen.«

Der junge Mann stand betroffen da, starrte das junge Mädchen an, der Atem schien ihm stehengeblieben zu sein.

»Wir haben sein Reserverad flicken lassen. Ich hab's im Wagen. Würdest du mir einen Gefallen tun? Fährst du den jungen Mann mit seinem Reifen zu seinem Wagen zurück?«

»Na, klar«, sagte Inge, »weit von hier?«

»Sechs, sieben Kilometer.«

»Okay«, sagte Inge, ließ sich den Wagenschlüssel geben und ging dem jungen Mann voraus, mit den herrlichen Schritten der Jugend.

Benno stand da, sah Brigitte an, dann sah er Inge an, die schon am Wagen stand und wartete, er zögerte, bewegte den Kopf hin und her, schien unschlüssig zu sein, sah dann

Brigitte an, wie träumend, murmelte: »Entschuldigung …«, und ging dann zum Wagen.

Brigitte lächelte, ging ins Haus, begegnete dort ihrem Mann, der aufsah.

»Inge ist noch mal weggefahren?«

»Ja«, nickte Brigitte und dachte bei sich: Soll sie sich mit seinem elften Juni herumschlagen.

Rentabilität

Paul Droste stieg langsam aus dem Wagen und blickte nachdenklich, fast düster zu dem Haus hin. Ein kleines Reihenhaus, hübsch in einem Garten gelegen.

Droste holte einmal schwer Atem, dann ging er durch den Garten um das Haus herum und blieb dort ganz still stehen.

»Du bist schon zurück?« fragte seine Frau von der Terrasse her erstaunt. »Warum kommst du durch den Garten?«

Paul Droste wendete ihr den Kopf zu, den Blick unverändert düster. »Ich konnte der Versuchung nicht widerstehen, das alles noch einmal anzusehen, ehe wir uns davon trennen müssen.«

»Was meinst du?« reagierte sie sichtlich verstört. »Wovon müssen wir uns jetzt trennen …?«

»Ja, Anna …« Er nickte apathisch. »Von allem, was wir haben, müssen wir uns nun wahrscheinlich trennen. Denn der Kredit, um den ich nachgesucht habe – abgelehnt!« Er holte wieder tief Luft. »Glatt abgelehnt, in der unhöflichsten Weise abgelehnt.«

»Komm doch herein«, sagte Anna Droste. »Ich habe gerade Tee gemacht.«

Er sah sie verwundert an. »Verstehst du mich etwa nicht?«

»O doch, ich verstehe dich«, sagte sie gefaßt. »Man hat dir einen Kredit abgelehnt.«

»Ja, und das ist das Ende!« rief er außer sich.

»Na, na …« Anna Droste lächelte. »Ich bin sicher, du übertreibst, Paul. Wir werden einen Ausweg finden. Kein Geld zu haben, das ist nur ein technisches Problem.«

Er starrte sie an. »Ein ›technisches Problem‹ nennst du das?«

»Ja, kein grundsätzliches Problem. Man stirbt nicht gleich, wenn man kein Geld hat.«

Paul Droste suchte verzweifelt nach Worten. »Natürlich stirbt man nicht gleich – aber man rutscht ab. Man ist erledigt – geschäftlich, gesellschaftlich. Man gerät ans Ende der Skala.«

»Von welcher Skala sprichst du?«

»Von der man abrutscht, wenn man kein Geld mehr hat. Ohne Geld, Anna, bist du ein Nichts! Du hättest diesen Bankmenschen hören sollen – nur kalte Verachtung … ›Ich habe mir Ihre Bücher angesehen‹, sagte er, und dann machte er eine Pause, eine lange, dreckige Pause. Ich sage dir, Anna – der reinste Sadist! … ›Tut mir leid, Herr Droste‹, sagte er. ›Für einen Kredit fehlen alle Voraussetzungen. Weit und breit keine Rentabilität zu sehen.‹ Und dann sagte er: ›Guten Tag‹, und es klang, als verabschiedete er sich von einem Toten.«

Droste ließ sich stöhnend auf einen Korbstuhl sinken, und nach einer Weile murmelte er: »Ich bin ja auch tot. Wer nicht rentabel ist, ist tot.«

Seine Frau setzte sanft die Teekanne ab. »*Was* bist du nicht?«

»Du hörst doch, was ich sage: nicht rentabel. Für niemanden.« Und düster fügte er hinzu: »Für dich auch nicht.«

»Hm.« Anna Droste hob den Kopf. »Dieser Bankmensch – wie heißt er? Wo finde ich ihn?«

Er sah sie besorgt an. »Willst du etwa mit ihm sprechen? Worüber?«

»Über Rentabilität«, antwortete sie versonnen.

»Ach, Anna, das hat doch keinen Sinn. Der empfängt dich gar nicht. Außerdem ist er nicht mehr im Büro. Der ist längst zu Hause.«

»Guten Tag«, sagte sie an der Tür. »Ich hätte gern Herrn Schirmer gesprochen.«

»Ich bin Frau Schirmer«, sagte die Dame, die ihr geöffnet hatte. »Kommen Sie nur herein.«

Das Wohnzimmer strahlte eine gediegene Gemütlichkeit aus. Bankier Schirmer erhob sich aus einem der bequemen Kaminsessel.

Wirklich, dachte Anna, als sie ihn sah – ein knochentrockener Mensch.

»Droste?« fragte er höflich-kühl, als ob er sich nicht gleich erinnern könne.

»Ja«, sagte Anna. »Sie hatten heute nachmittag eine Unterredung mit meinem Mann.«

»Ah, richtig!« Der Bankier legte seine Fingerspitzen zusammen. »Ich habe Ihrem Mann einen Kredit abschlagen müssen.« Und leicht boshaft setzte er hinzu: »Schickt er jetzt seine Frau?«

»Er hat mich nicht geschickt.«

»Aber Sie kommen doch wegen dieses Kredits.«

»Ja, um mich mit Ihnen zu unterhalten – über Rentabilität.«

»Ah«, murmelte Schirmer. Er stand sehr gerade, fast steif, hielt nur den Kopf ein wenig zur Seite, als könne er so besser sehen.

»Liebe Frau Droste …, sagte er dann, »die Ablehnung des Kreditgesuches war eine Entscheidung, die sich fast von selbst ergab, als eine Summierung von Fakten.«

In dem Augenblick unterbrach ihn seine Frau. »Wollen Sie sich nicht setzen, Frau Droste … Trinken Sie eine Tasse Kaffee mit uns?«

Anna zögerte, weil sie damit nicht gerechnet hatte. Doch dann nickte sie: »Ja, gern. Ich nehme gern eine Tasse Kaffee.« Aber während sie sich setzte, sah sie den Bankier resolut an. »Sie haben Fakten zusammengezählt, Herr Schirmer«, sagte sie, »und dabei haben Sie auch meinem Mann zu einem Faktum gemacht.«

»Natürlich«, sagte Schirmer, den Zeigefinger hebend, »man muß alles in Fakten verwandeln, auch Menschen; besonders Menschen, die man zu – berechenbaren Größen machen muß.«

Frau Schirmer goß Anna Kaffee ein und sah ihren Mann an. »Was du da sagst, hört sich ja schrecklich an.«

Anna nickte lebhaft. »Und mein Mann«, sagte sie, »ist keine berechenbare Größe.«

»Das ist er nun wirklich nicht«, meinte Schirmer lakonisch.

»Und ich möchte auch nicht, daß er es ist!« sagte Anna. »Ich möchte nicht auf die Überraschungen verzichten, die er mir bietet.«

»Überraschungen?« Schirmer hob die Brauen.

»Er überrascht mich sehr oft mit ganz spontanen Entschlüssen.«

»Du lieber Himmel«, murmelte Schirmer in einem Ton, als wollte er sagen: Das ist es ja.

Anna nickte. »Mit Entschlüssen, die aus dem Gefühl kamen. Sie waren niemals logisch, niemals vernünftig in dem Sinn, wie Sie dieses Wort gebrauchen würden. Er sagte beispielsweise, aus heiterem Himmel: Laß uns mal nach Capri fahren.«

Frau Schirmer hob überrascht den Kopf. »Nach Capri fahren?«

Anna lächelte. »Ja, nach Capri.«

»Warum nach Capri?« fragte Schirmer verdutzt. »Was wollte er dort? Urlaub?«

»Nein, nicht direkt Urlaub«, sagte Anna versonnen. »Wir saßen beim Mittagessen, sprachen über Capri, und plötzlich sagte er: Anna, pack den Koffer, wir fahren los!«

»Etwas verrückt«, murmelte Schirmer.

»Capri ...«, sagte Frau Schirmer, »ein plötzlicher Einfall?«

»Beim Mittagessen.«

»Hat er solche Einfälle öfter?«

»Einmal flogen wir einen Tag nach Schweden – wegen der Mitternachtssonne.«

Frau Schirmer saß wie verklärt. »Wegen der Mitternachtssonne?«

Anna nickte lächelnd. »Er nannte es ein herzbewegendes Ereignis, nachts die Sonne zu sehen.«

»Das ist es sicher«, rief Frau Schirmer erregt. Sie wandte sich ihrem Mann zu: »Hast du das gehört?«

»Natürlich höre ich«, antwortete Schirmer. »Der Mann scheint ziemlich sprunghaft zu sein.«

»Ja, das ist er«, sagte Anna und lachte. »Er ließ mir gar keine Wahl, ja oder nein zu sagen; er hatte die Tickets schon gekauft.«

»Großartig ...«, murmelte Frau Schirmer. Ihre Augen glänzten.

»Was ist daran großartig?« fragte Schirmer verdrossen, aber er zeigte eine gewisse Ratlosigkeit.

Anna hing ihren Erinnerungen nach: »Einmal fuhren wir nach Bad Pyrmont – nur wegen des Kurparks, der der schönste in Deutschland sein soll. Er las es irgendwo und sagte: Da fahren wir hin.«

Bankier Schirmer räusperte sich etwas ungehalten. »Daß dieser Mann Kredite braucht, das ist mir nun klar.«

Frau Schirmer fragte: »Der Kurpark von Bad Pyrmont – ist er wirklich so schön?«

Anna strahlte: »Überwältigend.« Sie sah Schirmer an. »Ich weiß, daß Sie dies alles merkwürdig finden müssen. Ich sage Ihnen auch ganz offen, daß mein Mann mir immer dann Geschenke machte, wenn die Geschäfte schlechtgingen.«

Schirmer zuckte leicht zusammen.

»Wirklich! Er kaufte mir einen Ring.« Sie streckte die Hand vor. »Diesen hier. Ich sagte: ›Ich denke, die Geschäfte gehen schlecht.‹ Er erwiderte: ›Ja, sie gehen schlecht, aber ich schenke dir diesen Ring, um mir Mut zu machen. Ich muß einfach sehen, daß sich jemand freut!‹«

Frau Schirmer lachte; und die Art, wie sie lachte, beunruhigte Herrn Schirmer über alle Maßen.

Anna fuhr fort: »Oder er weckte mich nachts. Ich fragte ihn: ›Was ist los?‹ Er sagte: ›Entschuldige, es ist vielleicht nicht der richtige Moment, aber ich mußte dir plötzlich unbedingt sagen, daß ich dich liebe.‹ Er hatte eine Flasche Sekt aufgemacht, die Gläser eingeschenkt.«

»Nachts?«

»Zwei Uhr nachts.«

»Um Ihnen zu sagen, daß er Sie liebt?«

»Ja, nur deswegen.«

Schirmer hielt es nicht länger auf seinem Stuhl. Er stand auf, ernstlich aus dem Gleichgewicht gebracht. »Alles, was Sie sagen, bestätigt nur meine Meinung: Ihr Mann ist …«

Anna nahm ihm die Worte aus dem Mund: »… keine berechenbare Größe.«

»Und damit eine Dunkelziffer«, betonte Schirmer, »geschäftlich eine absolute Dunkelziffer.«

»Mit dieser Dunkelziffer bin ich ein Leben lang verheiratet«, sagte Anna geradezu stolz. »Und von all den Jahren möchte ich keines missen.«

»Ein solcher Mann bekommt von mir keinen Kredit«, sagte Bankier Schirmer.

Anna nickte resigniert. »Ich bin natürlich gekommen, Sie zu bitten, sich Ihre Entscheidung noch einmal zu überlegen; aber jetzt sehe ich, daß es zwecklos ist. Und …«, sie holte Atem, »ich will meinen Mann auch nicht so, wie Sie ihn wollen.«

Schirmer sah Anna kalt an. »Guten Tag, Frau Droste.«

Er ging hinaus, wie jemand, der um sein Gleichgewicht besorgt ist.

Frau Schirmer aber lehnte sich im Stuhl zurück und lächelte. Sie lächelte eine ganze Weile, ohne etwas zu sagen. Schließlich richtete sie ihren Blick auf Anna.

»Entschuldigen Sie«, sagte Anna matt.

Frau Schirmer winkte nur leicht ab und murmelte verklärt: »Was für einen Mann Sie haben!«

»Wie meinen Sie …?«

»Was für ein erstaunlicher Mann!« seufzte Frau Schirmer. Und lächelnd, fast abwesend flüsterte sie: »Pack deinen Koffer, wir fahren nach Capri ... Komm, wir fliegen nach Schweden ... Wach auf, ich liebe dich ...«

Plötzlich richtete sie sich auf. »Frau Droste, die Bank meines Mannes ist eine Privatbank, an der ich Anteile habe. Sie bekommen Ihren Kredit – verlassen Sie sich drauf.«

Anna mußte klingeln, in der Eile hatte sie den Haustürschlüssel vergessen. Niemand öffnete. Aber sie hörte den Hund bellen. Da lief sie ums Haus herum in den Garten. Was sie dort sah, nahm ihr den Atem. Sie stand überwältigt da, ganz still.

Drüben im Gras lag ihr Mann und spielte mit dem Hund. Er lachte wie ein Junge, wälzte sich mit dem Tier im Gras herum, völlig unbeschwert – wie ein großes Kind.

Schließlich bemerkte Droste seine Frau und sprang hoch. »Entschuldige, Anna«, stammelte er ziemlich schuldbewußt.

Da rief sie lachend: »Ich habe den Kredit gekriegt!«

»Was hast du?« Er traute seinen Ohren nicht.

»Den Kredit gekriegt!«

»Unmöglich, dieser Bankmensch ist doch nicht ansprechbar!«

»Er nicht«, sagte Anna, »aber seine Frau war ansprechbar.«

»Was?« rief Droste außer sich. »Dieser Kerl ist verheiratet? Bei dem hält es eine Frau aus?!«

Statt zu antworten sah Anna ihren Mann nur strahlend an. Da begriff er endlich. Er umarmte sie und schwenkte sie jubelnd im Kreis herum. »O Anna, jetzt ...«

Er unterbrach sich und legte lächelnd den Kopf schief. »Aber hör zu, Anna«, sagte er verschmitzt. »Bevor es wieder richtig losgeht mit der Arbeit, fahren wir erst mal noch irgendwohin, nicht wahr?«

»Wohin?« flüsterte sie.

»Wo – wo waren wir noch nicht?«

Alles nur der Liebe wegen

Richard rannte die Treppe hinauf, nahm mehrere Stufen auf einmal, war ganz atemlos.

Er lief in die Wohnung, sah sich um. »Mama?« Schließlich fand er seine Mutter im Wohnzimmer. Sie saß an einem kleinen Sekretär, wandte sich verwundert um.

Frau Lenz war etwa fünfundvierzig, eine Dame mit gerader Haltung, schicker Kleidung und hochgesteckten blonden Haaren. Sie trug eine modische Brille.

»Was ist denn passiert, Richard?« fragte sie.

»Vater betrügt dich!« rief er außer Atem.

Langsam stand Frau Lenz auf, sah ihren Sohn aufmerksam an, nickte dann und sagte ruhig: »Ja, Richard, ich weiß. Mit einem jungen Mädchen, einer Musikstudentin, sehr gutaussehend – vierundzwanzig Jahre alt.«

»Das weißt du?«

»Ja, seit einigen Wochen.»

»Ja, und ...?« fragte Richard entsetzt. »Hast du mit Vater darüber gesprochen? Was sagt er?«

»Ich habe noch nicht mit ihm darüber gesprochen.«

»Ja, warum denn nicht?« brach es aus dem Sohn hervor.

»Warum?« Frau Lenz behielt so etwas wie gelassene Sanftmut. »Ich nehme an, daß die Geschichte vorbeigehen wird.«

»Unmöglich, Mama. Ganz unmöglich!« Er lachte wütend, aufgebracht, fast außer sich: »Betrügt *dich?* Hat der

Mann seinen Verstand verloren? Er muß doch wissen und sehen, was er an dir hat ... Wenn du ihm nichts sagst, dann sage ich es ihm.«

Ruhig sagte die Mutter: »Du wirst ihm gar nichts sagen.« Sie lauschte, denn die Wohnungstür ging. »Kein Wort sagst du«, flüsterte sie eindringlich, fast flehend.

»Aber ...«

»Bitte, Richard!« Sie legte beschwörend den Finger an den Mund.

Gleich darauf kam Herr Lenz herein. Ein stattlicher Mann Mitte Fünfzig, ruhig, nachdenklich. Er begrüßte seine Frau und nickte zerstreut dem Sohn zu. Als er dessen finsteren Blick bemerkte, fragte er: »Gibt es irgendwas?«

Der Sohn antwortete nicht, machte kehrt und ging aus dem Zimmer.

»Was hat er denn, Charlotte?«

»Ich weiß nicht.« Sie sah ihren Mann ruhig an.

Er faßte sich an die Krawatte. »Ach, was ich dir sagen wollte, Charlotte – ich esse heute abend auswärts. Ein – Geschäftsfreund ist überraschend gekommen.«

»Schon gut«, sagte sie gelassen.

»Tja, dann muß ich mich wohl noch umziehen.«

Wenig später kam Richard wieder herein.

»Er muß heute mit einem Geschäftsfreund essen«, sagte Charlotte sarkastisch.

»Ich wette, Mama, das ist die Musikstudentin!« Richard begann, hin und her zu laufen. »Du mußt handeln, Mama«, rief er, »irgend etwas tun, auf deine Rechte pochen.«

Plötzlich blieb er stehen, von einem Einfall überwältigt: »Und wenn du dasselbe tust?«

»Wie meinst du das, Junge?«

»Mach's wie er!« rief der Sohn strahlend. »Nimm dir einen Liebhaber! Mal sehn, was er dann dazu sagt.«

Charlotte lachte unwillkürlich. Der Vorschlag war mehr als verrückt.

»Lach nicht, Mama. Glaub mir, das ist ein guter Einfall: Man muß Vater vorführen, was Untreue ist. Ich wette, das wird ihn zur Vernunft bringen.«

Charlotte zeigte ein müdes Lächeln. »Gar kein so schlechter Einfall, aber äußerst fragwürdig. Und überhaupt, selbst wenn so was Erfolg haben sollte – wo kriege ich einen Liebhaber her?«

»Du?« Er sah sie lachend an. »Den kriegst du spielend!«

Sie beugte sich gerührt zu ihrem Sohn und küßte ihn. »Danke, mein Junge, aber ich will keinen jungen Liebhaber.«

»Aber, Mama, das mußt du richtig sehen: Natürlich nimmst du dir nicht richtig einen Liebhaber – den müßte jemand *spielen!* Es kommt dabei doch nur auf den Effekt an.«

Er begann, hin und her zu laufen, so stürmisch, wie sie ihn liebte. »Laß mich überlegen. Ich habe eine Menge Freunde, die gern was für mich tun und einen Spaß verstehen ...«

»Kommt nicht in Frage«, sagte sie entschieden.

Herr Lenz hatte den Hörer am Ohr. »Meine Frau? Moment bitte ...« Er hielt Charlotte den Hörer hin. »Ein gewisser Alf möchte dich sprechen.«

»Ah ja.« Sie nahm den Hörer und meldete sich. Am anderen Ende redete Alf: »Er war am Apparat, wie? Schön, sehr gut. Jetzt geben Sie Ihrer Stimme mal einen kleinen erotischen Schubs.«

Charlotte mußte lachen: »Ich will's versuchen.« Während sie weiterlauschte, beobachtete sie lächelnd ihren Mann. Er zeigte eine flüchtige Aufmerksamkeit. Aus den wenigen Worten, die sie sprach, wurde er nicht recht schlau.

»Muß ich mich heute um das Essen kümmern?« fragte sie, als sie aufgelegt hatte. »Ich bin gerade eingeladen worden.«

»Eingeladen?«

»Ja, ein Freund von Richard. Er will mit mir ins Kino gehen und anschließend zum Essen ... Du hast doch nichts dagegen?«

»Nein«, sagte Herr Lenz. Er schien nicht sonderlich verwundert.

Alf wartete unten, an seinen Wagen gelehnt. Er trug einen flotten hellen Anzug.

Als Charlotte kam, blinzelte er ihr lachend zu. »Reagiert der Herr Gemahl schon? Für den Fall, daß er hinter der Gardine steht, sollten wir ihm etwas bieten ...« Er zog sie leicht an sich und küßte sie auf die Wange. »Entschuldigen Sie, aber die Sache muß doch Hand und Fuß haben.«

»Ah so«, murmelte Charlotte. Sie war über die Art der Begrüßung doch ziemlich verwirrt.

»Was sagst du dazu, Vater?« Richard kam scheinbar aufgeregt ins Arbeitszimmer gestürmt. »Mama geht ins Kino – mit meinem Freund Alf!«

»Ja, sie hat es mir gesagt«, antwortete Herr Lenz beiläufig. Er schien nicht ganz bei der Sache.

»Na, hör mal, Vater. Ich will ja nichts gegen Alf sagen. Er ist mein Freund ...«

»Ja, und ...?«

»Na, ich meine nur – er ist ein ganz schöner Windhund. Der geborene Schürzenjäger. Wenn Frauen hübsch sind, fragt er auch nicht nach dem Jahrgang.«

»Ah so?« Herr Lenz zeigte ein amüsiertes Lächeln. Er wirkte unverändert überlegen.

Nach dem Kino waren sie in eine Bar geraten, in der Alf sich offensichtlich großartig auskannte. Es wimmelte von jungen Leuten.

»Ich habe das Gefühl, als ob ich die Schule schwänzte«, sagte Charlotte. Ihr war nicht ganz behaglich.

Alf lachte. »Haben Sie nie die Schule geschwänzt?«

»Selten.«

»Schade.« Er sah sie verschmitzt an. »Ist es recht, wenn ich Sie von nun an Charlotte nenne? Sie wissen doch – Richard hat es uns eingeimpft: Unser *Verhältnis* muß glaubwürdig wirken! Übrigens, die Brille, die Sie da aufhaben – muß das sein?«

»Wenn ich sie abnehme, sehe ich nichts«, sagte Charlotte irritiert.

»Aber ich sehe Ihre Augen besser.«

»Wozu?« Charlotte steckte geniert die Brille in die Tasche.

»Was haben Sie für ein wunderbares Leuchten in den Augen!« sagte Alf.

»Aber ich sehe kaum was!«

Er lachte nett. »Wenn ich Sie an der Hand nehme, brauchen Sie keine Brille. Auf jeden Fall sind Sie ohne Brille noch schöner.«

»Ach Sie!« Charlotte lachte mit. Sie sah wirklich nur alles

verschwommen. Aber allmählich begann sie sich in der Bar bedeutend wohler zu fühlen.

Sie blieben eine ganze Weile. Alf stellte ihr seine Freunde und Freundinnen vor. Alles geschah beiläufig, im ›Hallo‹-Ton, ohne viel Förmlichkeit, ohne verwunderte Blicke. Daß Alf mit Charlotte hier war, schienen die jungen Leute ganz selbstverständlich zu finden.

Plötzlich hieß es, irgendwo sei eine Fete im Gange. Bei Freunden, die eine Galerie hätten. »Kommt doch mit!«

Ehe Charlotte sich versah, saß sie mit Alf und ein paar Jungen im Auto und kurvte mit ihnen quer durch die Stadt.

Die große Wohnung, in die sie kamen, hing voller Bilder – lauter verrückte Bilder, wie Charlotte fand. Aber die Maler, denen sie vorgestellt wurde, standen sanft lächelnd mit dem Whiskyglas herum. Vielleicht, dachte Charlotte, meinen sie es gar nicht so wild.

Alf brachte ihr einen Drink. »Nehmen Sie mal einen ordentlichen Schluck, und dann tanzen wir ein bißchen. Einverstanden?«

»Wirklich?« Sie schaute scheu zum Nebenraum, in dem sich die Paare zu Tonbandklängen wiegten.

Alf zwinkerte ihr zu. »Unser Auftritt ist wichtig. Man kennt mich hier, und ich erzähle allen, wer Sie sind. Morgen ist die Geschichte in der Stadt rum.«

»Welche Geschichte?« fragte sie etwas bang, während er sie zum Tanzen in die Arme nahm.

»Unsere Geschichte.« Alf grinste unbekümmert. »Sie glauben gar nicht, Charlotte, was mir diese Geschichte für einen Spaß macht.«

Charlotte schloß die Augen. Eigentlich war es wunderbar,

wieder einmal zu tanzen. Eine Ewigkeit schon hatte sie das nicht mehr getan. Vielleicht ging diese Geschichte hier schon etwas zu weit, aber es war einfach herrlich, zärtliche Musik zu hören und inmitten von jungen Menschen zu tanzen ... Sie hielt die Augen geschlossen. In Alfs Arme geschmiegt, war ihr plötzlich, als hätte es die letzten zwanzig Jahre nicht gegeben.

Richard streckte den Kopf zur Tür herein. »Mama ist noch immer nicht da, Vater. Ich mache mir Sorgen.«

»Sorgen ...?«

»Du etwa nicht?«

Herr Lenz tat verwundert. »Warum sollte ich mir Sorgen machen? Es ist doch jemand bei ihr.«

»Du bist gut, Vater.« Richard lachte betont höhnisch. »Aber das ist es doch gerade!«

Herr Lenz sah ihn blinzelnd an. »Aber ich denke, er ist ein Freund von dir ...?« Offenbar fühlte er sich jetzt doch etwas in seinem Selbstgefühl irritiert, aber er ließ es sich kaum anmerken.

Charlotte kam mit einem großen Strauß Rosen nach Hause. Die hatte ihr Alf aus einer Vase geklaut. Sie trug jetzt wieder ihre Brille, aber sie glühte im Gesicht, und mit ihrem hellen Kostüm sah sie sehr jung aus.

»Die Rosen werden auf ihn ihre Wirkung haben«, hatte Alf gesagt, während er sie vom Wagen zur Haustür brachte. Und dann hatte er sie in die Arme genommen und geküßt – einmal ganz sanft mitten auf den Mund geküßt.

»... falls er uns aus dem Fenster beobachtet«, hatte er leise

gemurmelt, um für den Kuß eine Entschuldigung zu haben. Es hatte ganz seltsam geklungen, als er das beim Abschied zu ihr sagte.

Richard empfing seine Mutter im Eingang.

»Pleite, Mama«, sagte er mit gerunzelter Stirn, »völlige Pleite. Vater reagiert einfach nicht. Stell dir vor, er sagte: Warum soll ich mir Sorgen machen, wo doch jemand bei ihr ist!«

Herr Lenz erschien. »Ah, da bist du ja, Charlotte«, sagte er mit einem deutlichen Aufatmen. »Hattest du einen netten Abend?« Er schob sie sanft ins Zimmer, bedeutete aber dem Sohn mit einem Blick, draußen zu bleiben. »Ich bin extra aufgeblieben, Charlotte, weil ich ...«

»Ja?« Sie sah ihn aufmerksam an.

Er räusperte sich. »Ich muß mit dir über etwas sprechen, was mich schon lange bedrückt – über meine Beziehung zu einem jungen Mädchen.«

»Die Musikstudentin?« sagte Charlotte.

Er war völlig überrascht. »Du weißt ...?«

Sie antwortete nicht, sah ihn nur ernst und ruhig an.

»Ach, Charlotte.« Er hob die Arme und ließ sie wieder

fallen. »Ich wollte dir nur sagen, daß die Sache mit dem Mädchen nichts von Dauer ist. Es ist eigentlich längst vorbei. Weißt du, ich war nur fasziniert von dem Gefühl – dem Gefühl der Jugend, weißt du. Es hatte mich einfach überwältigt. Ich war ganz hilflos.«

Er machte eine lange Pause. »Ich bin dir dankbar, Charlotte, daß du mir die Zeit gelassen hast, das zu überstehen.«

Charlotte stand mit erhobenem Kopf da, den Blick noch immer groß und still auf ihren Mann gerichtet.

»Aber das verstehe ich doch sehr gut«, sagte sie sanft. »Ich verstehe sehr gut, daß man sich in einen jungen Menschen verlieben kann.«

Auf ihrem Gesicht erschien ein Lächeln. »Sehr gut«, wiederholte sie seufzend. »Sehr gut verstehe ich das.«

Die Nacht der drei alten Herren

Sie waren drei alte Herren, eigentlich schon sehr alte Herren, die Herren Doller, Abich und Karg. Alle drei so um die Siebzig. »Aber alle noch ohne Modergeruch«, wie Karg einmal scherzend festgestellt hatte. Und dann hatte er lächelnd hinzugefügt: »Wir knicken zwar ein bißchen in den Knien ein – aber das ist nun mal der Gang von Leuten, die Leben zu tragen gewußt haben.«

Nun standen die drei mitten in der Nacht vor einem hohen Eisengitter und sahen auf die blinkenden Spitzen des Zauns, der den Schulhof umschloß.

»Hm«, sagte Abich.

»Angst vor dem Zaun?« fragte Karg. »Er ist hoch, zugegeben, aber nicht zu hoch. Noch weigere ich mich zuzugeben, daß es ein Hindernis gibt, das wir nicht überwinden könnten. Wer geht zuerst?«

Doller versuchte es zuerst.

»Ich mach's mal.« Er zog sich hoch. »Sachen werden da von einem verlangt.«

»Nun wollen wir doch gleich mal feststellen, daß es dein freier Wille war.«

»Schon gut«, ächzte Doller, mitten in der überwältigenden körperlichen Anstrengung. »War nur ein Stoßseufzer.«

»Bist du oben? Was ist los?«

»Jetzt habe ich mich reingesetzt. Ich hänge an einer Spitze.«

»Spring runter. Laß dich fallen.«

»Und meine Hose?«

»Was ist mit der?«

»Die hängt fest.«

Karg murmelte: »Wenn's nur die Hose ist.«

»Es ist meine beste.« Doller korrigierte sich sofort: »Meine bequemste.«

»Spring. Sie wird gleich noch bequemer.«

»Ich kann mich beherrschen!« Doller ließ sich vorsichtig auf die Balustrade hinab. Man hörte es krachen.

»Dreh dich mal rum«, sagte Karg.

Doller drehte sich um, und Karg untersuchte durch den Gitterzaun hindurch Dollers Rückseite.

»Was habe ich da? Eine Wunde?«

»Nichts Besonderes. Tut's weh?«

»Es brennt. Als hätte ich mich in Petroleum gesetzt.«

Abich begann schallend zu lachen.

»Petroleum brennt nur, wenn man es ansteckt.«

»Macht keine Späße mit meinem Hintern«, beschwerte sich Doller. »Jetzt seid ihr dran. Kommt rüber!«

Karg und Abich überwanden ihrerseits den Zaun, standen schließlich auch auf der anderen Seite und sahen sich an.

»Hm«, meinte Abich, »dies ist erst die erste Etappe, und schon sind wir außer Atem. Wir röcheln wie Seehunde.«

»Ich weiß nicht, wie Seehunde röcheln, wenn sie röcheln«, sagte Karg, »aber wenn du das Rasseln meinst, das ich von mir gebe, so ist es leider schon seit einer ganzen Weile normal. Ich fühle mich gezwungen, es zu überhören. Was auch ihr tun solltet.«

Sie klopften sich den Staub von den Anzügen und faßten das Schulgebäude ins Auge, das dunkel und groß vor ihnen lag.

»Erinnerungen, Erinnerungen«, sagte Karg. »Wißt ihr, daß ich im Traum immer mal wieder das Abitur mache? Und dann versuche ich den Leuten zu erklären, daß ich es ja schon gemacht habe. Und kriege dabei kein Wort heraus.«

Alle lachten und gingen dann weiter. Sie hielten dicht am Haus vor einem Kellergitter.

»Das müssen wir hochheben«, sagte Karg, »es liegt nur lose auf.«

Sie steckten die Finger durch den Rost.

»Jetzt hochheben, gemeinsam auf mein Kommando. Jetzt!«

Sie hoben das Kellergitter hoch.

»Was stöhnt ihr denn so?«

»Du stöhnst ja auch.«

»Aber leise ...«

»Mit lautem Stöhnen geht es aber besser.«

»Es darf uns keiner hören. Wir sind zwar Einbrecher, doch keine gelernten.«

Abich kicherte. »Die würden über uns nur lachen.«

»Wer geht zuerst runter?«

»Doller«, sagte Karg, »der hatte im Turnen immer eine Eins.«

»Leuchte erst mal den Boden ab«, sagte Doller, »ich habe vor nichts Angst, nur vor Fröschen.«

»Was?« wunderte sich Karg. »Vor Fröschen?«

»Ich weiß auch nicht, warum«, meinte Doller etwas schuldbewußt.

Sie leuchteten mit einer Taschenlampe den Boden ab.

»Keine Frösche, keine Schlangen«, sagte Karg. Sie ließen sich hinunter und stiegen durch das Kellerfenster hinein in den Fahrradkeller.

»Na also«, sagte Karg, »das Schlimmste haben wir geschafft. In der Schule selbst – sind wir auf vertrautem Boden.«

Die Tür zum Schulgebäude war offen.

»Alles gut vorbereitet«, sagte Karg befriedigt.

Die drei alten Herren brauchten eine Weile, sich an das spärliche Licht zu gewöhnen. Dann stiegen sie die breite Treppe hinauf.

»Hier sind wir rauf und runter, jahrelang«, erinnerte sich Karg.

»Ja, wir haben geholfen, diese Stufen abzuwetzen.«

Doller hob die Nase. »Riecht ihr es? Den Geruch, den ganz bestimmten?«

»Alle Schulen riechen so.«

Abich kicherte. »Angstschweiß riecht so.«

Sie bogen in einen Schulgang ein.

»Einen Moment«, bat Karg. »Das alte Klassenzimmer.«

Sie gingen hinein und sahen sich um.

»Schaut euch mal die Möbel an«, sagte Doller, »das sind ja tolle Möbel. Wir hatten noch richtige Bänke, die sich zum Schnitzen eigneten, mit 'nem richtigen Tintenfaß.«

Sie bestaunten die Möbel, bis Karg rief: »Wo ist denn der Kastanienbaum geblieben? Von hier aus sah man doch immer auf den Kastanienbaum.«

»Stimmt«, sagte Doller, »der Baum ist weg.«

Abich kicherte wieder. »Und wie wir den gepflegt haben.«

»In der Pause haben wir uns immer um ihn herumgestellt ...«

»Und ihn bepinkelt.«

»Vielleicht ist er deswegen eingegangen.«

»Schade«, sagte Karg. »Man braucht einen Baum vor einem Schulfenster – zum Träumen.«

»Vielleicht dürfen die heute nicht mehr träumen.« Doller gab sich einen Ruck. »Aber nun ans Werk!«

Sie gingen hinaus und suchten das Lehrerzimmer auf. Doller zog ein paar spitze Geräte aus der Tasche, bat um Ruhe und manipulierte am Schloß.

Abich wandte sich an Karg, flüsterte: »Hast du jetzt langsam eine Ahnung, wie der zu seinem Vermögen gekommen ist?«

Doller war kurz davor, die Bemerkung als unpassend zu empfinden, aber da gab das Schloß nach. Der Weg ins Lehrerzimmer war frei. Sie gingen hinein, sahen sich um.

»Warst du noch nie hier?« fragte Abich Doller, der ganz abwesend dastand.

»Doch«, murmelte Doller, »ich wurde hier einmal verhört. Wegen der Tochter des Direktors.« Er setzte hinzu: »Aber ich war es nicht. Es war der Saalmann Erich.«

Sie suchten die Lehrerspinde ab.

»Doktor Sölle«, sagte Karg, »es muß dranstehen.«

»Da haben wir ihn«, rief Doller und stellte fest, daß die Tür des Spindes verschlossen war. Er zog erneut seine Geräte hervor.

Wieder brachte er die Tür auf, sie schwenkte aus und gab den Blick frei auf einen Stapel Hefte.

Doller sagte fast ergriffen: »Da sind sie. Die Mathematikarbeiten der achten Klasse.«

»Nun mit größter Vorsicht«, sagte Karg, »den Platz beachten, die Reihenfolge – daß wir alles wieder makellos plazieren.«

Er übernahm es, den Stapel Hefte herauszuholen. Doller zog Vorhänge vor, stellte die Taschenlampe auf Dauerbetrieb, während Abich Platz nahm.

Karg sagte aufatmend: »So, und nun suchen wir das Heft von Manuela Karg.«

Sie sahen den Stapel durch und fanden das Heft.

»Hier haben wir es«, sagte Abich, betrachtete das Namensschild und fügte hinzu: »Eine hübsche Handschrift.«

»Ist überhaupt ein hübsches Ding«, sagte Karg.

Er wandte sich an Abich. »So, lieber Freund. Der Mathematiker von uns bist du. Geh ans Werk!«

Abich schlug das Heft auf, sah die Arbeit durch, begann den Kopf zu schütteln und blickte strahlend auf. »Ein Filou, ein richtiger Filou. Der hat da einen Trick eingebaut. Schaut her. Die erste Gleichung ist analytisch, die Gleichung einer gleichseitigen Hyperbel, die zweite Gleichung die eines Kreises mit Radius 1 und dem Mittelpunkt M ...« Er murmelte weiter. »Die Transformation x gleich Klammer auf u minus v Klammer zu Wurzel aus zwei.« Er sah wieder auf. »Ein Filou, sage ich euch. Ganz raffiniert. Mit dem möchte ich mich mal unterhalten.« Abich setzte den Stift an.

»Halt«, sagte Karg, »nimm diesen Füller. Den hat sie mir mitgegeben.«

»Ein kluges Mädchen«, sagte Abich. »Und doch ist sie auf den ersten Trick gleich reingefallen. Das ist nicht sehr intelligent.«

»Sag nichts gegen seine Manuela.«

»Das würde ich auch vorschlagen«, knurrte Karg. »Sie ist

manchmal ein bißchen naiv, aber Naivität ist auch ein Zeichen von Gesundheit.«

»Nun redet mal nicht«, sagte Abich. »Ihr seht doch, ich habe eine Menge zu tun.«

Manuela kam nach Hause. Ein Bild von einem Mädchen, blitzende Augen unter einem Schopf weizengelber Haare.

Manuela sah ihren Großvater an.

»Wir haben heute unsere Mathematikaufgaben zurückbekommen. Ich habe keinen Fehler.«

Karg lächelte. »Ich habe doch gesagt, ich helfe dir.«

Sie sagte: »Die Sache hat nur einen Haken. Die Arbeit wird nicht anerkannt – jemand hat nicht nur mein Heft verbessert, sondern alle.«

»Ah so«, murmelte Karg und holte tief Luft. »Ja, weißt du, sie haben uns plötzlich alle leid getan. Da haben wir uns hinreißen lassen, waren plötzlich wie im Fieber. So, als wär's 'ne ganze Generation, der wir da gern geholfen hätten.«

Inhalt